Herausgeber: Polyglott-Redaktion
Bearbeitung: Elisabeth Graf-Riemann
Deutsches Grundmanuskript: Elisabeth Graf-Riemann
Redaktionelle Betreuung: Gertraud M. Trox
Art Direction: Illustration & Graphik Forster GmbH, Hamburg
Titeldesign-Konzept: V. Barl

Ergänzende Anregungen, für die wir jederzeit dankbar sind,
bitten wir zu richten an:
Polyglott-Verlag, Redaktion, Postfach 40 11 20, D-80711 München.
E-Mail: redaktion@polyglott.de oder PolyRed@AOL.com.

Surfen online mit Polyglott: http://www.polyglott.de und bei AOL unter dem Kennwort „Polyglott".

Erste Auflage 1997

Printed in Germany
Gedruckt auf chlorfrei gebleichtem Papier
ISBN 3-493-61163-3

Polyglott-Sprachführer

Portugiesisch

Polyglott-Verlag München

Inhalt

Einführung

Über das Buch

Polyglott-Sprachführer sind perfekte Begleiter neben dem Reiseführer, denn sie orientieren sich an realistischen, alltäglichen Situationen von Reisenden, die der fremden Sprache nicht kundig sind.

Die Sätze und Redewendungen, die Ihnen eine rasche und unproblematische Verständigung in Ihrem Reiseland ermöglichen, sind bewusst einfach gehalten. Sie finden keine komplizierten Satzkonstruktionen oder zu lange Wortlisten. Fast alle Sätze sind aus einfachen Textbausteinen zusammengestellt, die Ihnen ein leichtes und schnelles Auswechseln von Satzteilen in verschiedenen Gesprächssituationen ermöglichen.

Die Wortlisten am Ende jedes Hauptkapitels sind themenbezogen und helfen Ihnen, Sätze je nach Bedarf weiter zu variieren. So werden Sie sich mit einem minimalen Wortschatz ohne langes Suchen schnell in der fremden Sprache zurechtfinden. Damit Sie auch verstehen, was andere Ihnen in alltäglichen Kontaktsituationen (beim Arzt, an der Grenze etc.) mitteilen, haben wir häufig wiederkehrende fremdsprachige Redewendungen oder Fragen mit einem * gekennzeichnet.

Eine vereinfachte, am Deutschen orientierte Lautschrift ermöglicht Ihnen die korrekte und verständliche Aussprache der Sprache Ihres Gastlandes. Nachfolgend finden Sie eine kurze Erläuterung dazu, ebenso eine kurze Grammatikübersicht.

Daran anschließend sind in neun Hauptkapiteln Satzbeispiele aus allgemeinen und reisetypischen Bereichen zusammengestellt. Nicht nur im Kapitel *Praktische Hinweise*, sondern über alle Seiten des Sprachführers verteilt, finden Sie außerdem Tipps und Informationen zu den sprachlichen und kulturellen Besonderheiten Ihres Reiselandes.

Ein ausführliches zweisprachiges Wörterbuch Deutsch–Portugiesisch, das Sie als Reisewörterbuch und zugleich als Register benutzen können, steht am Ende des Bandes. Die angegebenen Seitenzahlen führen Sie direkt in den entsprechenden Textteil. Das Wörterbuch Portugiesisch–Deutsch enthält die wichtigsten Wörter und Abkürzungen, denen Sie in Aufschriften, auf Schildern und Hinweistafeln begegnen.

Wir wünschen Ihnen viel Vergnügen auf Ihrer Reise: Boa viagem! [**bo**a wja~~sch~~**ẽ**i] *(Gute Reise!)*

Aussprache

Um Ihnen eine möglichst korrekte und verständliche Aussprache des Portugiesischen zu ermöglichen, haben wir uns für eine vereinfachte Lautschrift entschieden. Ohne Sonderzeichen kommen wir jedoch wegen der nasalierten Laute nicht aus. Die Betonung der Wörter können Sie sofort am Fettdruck der entsprechenden Silbe erkennen: Boa tarde! [**bo**a **tar**də] *(Guten Abend!)*

Eine Eigentümlichkeit des Portugiesischen sind die Nasallaute. Jeder Selbstlaut (Vokal) wird durch die Nase gesprochen, wenn er vor *m* oder *n* steht oder eine Tilde (~) trägt. In der Lautschrift wird die Nasalierung durch eine Tilde (~) über dem entsprechenden Buchstaben angezeigt:

- **am, an, ã, ão, ãe:** antes [**ãn**təsch] *(vorher)*; amanhã [ama**njã**] *(morgen)*; pão [pãu] *(Brot)*.
- **em, en:** sem [ßẽi] *(ohne)*; endereço [ẽndə**re**ßu] *(Adresse)*.
- **im, in:** fim [fĩ] *(Ende)*; cinzeiro [ßĩn**säi**ru] *(Aschenbecher)*.

- **om, on, õe:** bom [bõ] *(gut);* onde [**õn**də] *(wo).*
- **um, un, ui:** um [ũ] *(ein);* mundo [**mũn**du] *(Welt);* muito [**mũi**tu] *(sehr).*

Aufeinanderfolgende Vokale werden getrennt gesprochen: Europa [**eu**ropa], leite [**läi**tə] *(Milch).*

Hier noch einige Besonderheiten:

- **a** wird, wenn es betont ist, offen gesprochen: carro [**ka**rru] *(Auto);* unbetontes a oder a in einsilbigen Wörtern klingt gedämpfter: porta [**por**ta] *(Tür);* mas [masch] *(aber).*
- **c** wird vor e und i als stimmloses s gesprochen: cidade [ßi**da**də] *(Stadt),* vor a, o, u als k: casa [**ka**sa] *(Haus);* vor c, ç und t ist c meist stumm: direcção [dirä**ßãu**] *(Richtung).*
- **ç** wird gesprochen als stimmloses s: praça [**pra**ßa] *(Platz).*
- **ch** spricht man wie ein deutsches sch: chave [**scha**wə] *(Schlüssel).*
- **e** wird manchmal zu ä: café [ka**fä**] *(Kaffee).* Ist es unbetont, klingt es ähnlich wie in danke: tarde [**tar**də] *(Abend);* oder es wird als i gesprochen: estou [isch**to**] *(ich bin).* In der Vorsilbe ex klingt das e wie äi: excursão [äischkur**ßãu**] *(Ausflug).*
- **g** klingt vor a, o, u wie deutsches g: golo [**go**lu] *(Tor);* vor e und i wird es zum stimmhaften sch wie in Journal: gelado [s̶c̶h̶ə**la**du] *(Eis).*
- **h** ist stumm: hotel [o**täl**] *(Hotel).*
- **j** klingt wie stimmhaftes s̶c̶h̶ im Wort Journalist: Junho [**s̶c̶h̶un**ju] *(Juni).*
- das **l** wird auslautend kehlig gesprochen: Portugal [purtu**gal**] *(Portugal).*
- die Verbindungen **lh** bzw. **nh** werden lj und nj gesprochen: molho [**mo**lju] *(Soße),* amanhã [ama**njã**] *(morgen).*
- unbetontes **o** wird zu u: caro [**ka**ru] *(teuer);* tudo [**tu**du] *(alles).*
- **qu** klingt vor e und i wie k: quente [**kẽn**tə] *(warm);* sonst wie kw: quarto [**kwar**tu] *(Zimmer).*
- **r** wird gerollt, nur am Wortanfang oder bei rr hört man ein stärker gerolltes Zungen-r oder Zäpfchen-r: rio [**ri**u] *(Fluss);* carro [**ka**rru] *(Auto).*
- **s** kann stimmlos sein: sol [ßol] *(Sonne);* zwischen Vokalen ist es stimmhaft: casa [**ka**sa] *(Haus).* Am Wortende oder am Silbenende vor stimmlosen Konsonanten wird s zu sch: dois [doisch] *(zwei);* vor weichen Konsonanten zu stimmhaftem **s̶c̶h̶**: dois dias [dois̶c̶h̶ **di**asch] *(zwei Tage).*
- **v** entspricht in der Aussprache dem deutschen w: vento [**wẽn**tu] *(Wind).*
- **x** klingt entweder wie das deutsche x: táxi [**ta**xi] *(Taxi);* wie stimmloses ß: próximo [**pro**ßimu] *(der nächste);* oder wie sch: peixe [**päi**schə] *(Fisch).*
- **z** wird vor Vokalen und stimmhaften Konsonanten als stimmhaftes s gesprochen: zero [**sä**ru] *(null);* doze [**do**sə] *(zwölf);* am Wortende oder vor stimmlosen Konsonanten als sch: dez [däsch] *(zehn).*
- Der **Haltebogen** in der Lautschrift zeigt an, welche Wörter gebunden gesprochen werden: por aqui [pur‿**a**ki] *(hier in der Nähe);* os olhos [us‿**o**ljusch] *(die Augen).*

Akzente – Betonung

Im Portugiesischen gibt es drei Akzente. Trägt ein Vokal einen *acento agudo,* wird er offen gesprochen und betont: pé [pä] *(Fuß);* lápis [**la**pisch] *(Bleistift).* Der *circunflexo* schließt den betonten Vokal: português [purtu**gesch**] *(portugiesisch).* Der *grave* kommt nur vor, wenn zwei a (Präposition + Artikel) zusammengezogen werden zu à: à cidade [a ßi**da**də] *(in die Stadt).*

Wörter ohne Akzent, die auf a, o oder e enden, werden auf der vorletzten Silbe betont: casa [**ka**sa] *(Haus),* amigo [a**mi**gu] *(Freund);* rua [**ru**a] *(Straße).* Wörter auf i, u, l, r oder z werden auf der letzten Silbe betont: hotel [o**täl**] *(Hotel);* rapaz [ra**pasch**] *(Junge).*

Hinweis für Brasilienreisende: Auf die Unterschiede zwischen dem brasilianischen und dem europäischen Portugiesisch wird hier nicht näher eingegangen. Sie sind jedoch nicht gravierend, sodass Sie sich auch in Brasilien mühelos verständigen können.

Kurzgrammatik

Artikel

Im Portugiesischen gibt es nur männliche *(m)* und weibliche *(f)* Hauptwörter, kein Neutrum.

Bestimmter Artikel

Einzahl männlich:
o porto [u **por**tu] *(der Hafen)*
Mehrzahl männlich:
os portos [usch **por**tusch] *(die Häfen)*
Einzahl weiblich:
a rua [a **ru**a] *(die Straße)*
Mehrzahl weiblich:
as ruas [asch **ru**asch] *(die Straßen)*

Unbestimmter Artikel

Einzahl männlich:
um porto [ũ **por**tu] *(ein Hafen)*
Mehrzahl männlich:
uns portos [ũsch **por**tusch]
(einige Häfen)
Einzahl weiblich:
uma rua [**u**ma **ru**a] *(eine Straße)*
Mehrzahl weiblich:
umas ruas [**u**masch **ru**asch]
(einige Straßen)

Substantive

Das Geschlecht der Substantive im Portugiesischen ist häufig an der Endung ablesbar: Die meisten männlichen Substantive enden auf -**o:** o carro [u **ka**rru] *(das Auto);* die meisten weiblichen auf -**a:** a porta [a **por**ta] *(die Tür).*

Von dieser Regel gibt es ein paar **Ausnahmen,** z. B.: o dia [u **di**a] *(der Tag);* o mapa [u **ma**pa] *(die Landkarte).*

Einige Substantive haben nur eine Form für beide Geschlechter, z. B.: o turista/a turista [u tu**risch**ta/a tu**risch**ta] *(der Tourist/die Touristin).*

Das Anhängen eines -**a** oder das Ersetzen eines -**o** durch ein -**a** ergibt oft die weibliche Form eines Hauptwortes: o amigo [u a**mi**gu] / a amiga [a a**mi**ga] *(der Freund/die Freundin);* o português [u purtu**gesch**] / a portuguesa [a purtu**ge**sa] *(der Portugiese/die Portugiesin).*

Mehrzahlbildung

Substantive, die auf Vokal enden, bilden den Plural durch Anhängen von -**s:** a porta [a **por**ta] / as portas [asch **por**tasch] *(die Tür/die Türen).* Hauptwörter auf -r, -s oder -z hängen in der Mehrzahl ein -**es** an: o país [u pa**isch**] / os países [usch pa**i**səsch] *(das Land/die Länder).*

Es gibt noch einige Sonderformen. Die Endung -**m** wird in der Mehrzahl zu -**ns**: a viagem [a **wja**schẽi] – as viagens [asch **wja**schẽisch] *(die Reise/die Reisen);* -**l** wird zu -**is**: o hotel [u o**täl**] – os hotéis [us‿o**täisch**] *(das Hotel/die Hotels)* usw.

Hinweis: Hauptwörter, die auf -**o** (Mehrzahl -**os**) enden, sind in der Regel männlich, Hauptwörter auf -**a** (Mehrzahl -**as**) weiblich. Nur bei Abweichungen von dieser Regel oder anderen Endungen wird in Klammern das Geschlecht der Substantive angegeben: cidade *(f)* [ßi**da**də] *(Stadt);* dia *(m)* [**di**a] *(Tag).*

Adjektive

Die meisten Adjektive im Portugiesischen enden wie die Hauptwörter auf -**o** und bilden eine weibliche Form dazu auf -**a** (Mehrzahl -**os**/-**as**), z. B. belo/bela [**be**lu/**bä**la] *(schön);* novo/nova [**no**wu/**no**wa] *(neu).* Eigenschaftswörter auf -**r,** -**s** oder -**z** hängen als weibliche Endung ein -**a** an: português [purtu**gesch**] / portuguesa [purtu**ge**sa] *(portugiesisch).*

Das Adjektiv wird in Geschlecht und Zahl immer an das Hauptwort angeglichen, auch wenn es nicht unmittelbar beim Hauptwort steht: uma casa bonita [**u**ma **ka**sa bu**ni**ta] *(ein hübsches Haus);* a casa é bonita. [a **ka**sa ä bu**ni**ta] *(Das Haus ist hübsch.)*

Eine Reihe von Adjektiven kennt nur eine Form für beide Geschlechter: grande [**grãn**də] *(groß);* fácil [**fa**ßil] *(leicht);* inteligente [ĩntəli**~~sch~~ẽn**tə] *(intelligent).*

Stellung des Adjektivs

Normalerweise steht das Eigenschaftswort nach dem Hauptwort: a rua pequena [a **ru**a pə**ke**na] *(die kleine Straße).* Bei Zahlwörtern (viel, wenig) oder besonderer Hervorhebung kann es auch vor dem Hauptwort stehen: muitos carros [**mũi**tusch **ka**rrusch] *(viele Autos).*

Steigerung des Adjektivs

Adjektive werden durch Voranstellen von mais [mai~~sch~~] *(mehr)* gesteigert: belo [**be**lu] *(schön)* – mais belo [mai~~sch~~ **be**lu] *(schöner).* Im Superlativ wird der bestimmte Artikel dazugenommen: o mais belo [u mai~~sch~~ **be**lu] *(der schönste).* Vergleiche bildet man mit **que:** mais belo que [mai~~sch~~ **be**lu kə] *(schöner als).*

Unregelmäßig werden gesteigert: bom [bõ] *(gut)* – melhor [mi**ljor**] *(besser);* mau [mau] *(schlecht)* – pior [pi**or**] *(schlechter);* grande [**grãn**də] *(groß)* – maior [ma**jor**] *(größer);* pequeno [pə**ke**nu] *(klein)* – menor [mə**nor**] *(kleiner).*

Adverbien

Das Adverb bildet man aus der weiblichen Form des Adjektivs durch Anhängen von **-mente**: claro [**kla**ru] – claramente [klara**mẽn**tə] *(deutlich).*

Unregelmäßige Adverbien sind: bem [bẽi] *(gut)* und mal [mal] *(schlecht):* Está bem. [isch**ta** bẽi] *(Es ist gut./In Ordnung.);* Estou mal. [isch**to** mal] *(Mir geht es schlecht.)*

Pronomen

Subjektpronomen

eu [eu] *(ich)*
tu [tu] *(du)*
ele [**e**lə] *(er);* ela [**ä**la] *(sie)*
você [wo**ße**] *(Sie)*
nós [nosch] *(wir)*
eles [**e**ləsch] *(sie [m]);* elas [**ä**lasch] *(sie) [f]);* vocês [wo**ßesch**] *(ihr, Sie)*

Die zweite Person Plural *(ihr)* wird im heutigen Portugiesisch ersetzt durch die dritte Person: vocês [wo**ßesch**] *(Sie).*

Objektpronomen (Dativ/Akkusativ)

me [mə] *(mir, mich)*
te [tə] *(dir, dich)*
lhe [ljə] *(ihm, ihr, Ihnen = Dativ)*
o [u] *(ihn);* a [a] *(sie = Akkusativ)*

nos [nusch] *(uns)*
vos [wusch] *(euch)*
lhes [ljəsch] *(ihnen, Ihnen = Dativ)*
os [usch] *(sie [m]);* as [asch] *(sie [f])*

Possessivpronomen

o meu [u meu] *(mein);*
a minha [a **mi**nja] *(meine)*
o teu [u teu] *(dein);*
a tua [a **tu**a] *(deine)*
o seu [u ßeu] *(sein/ihr/Ihr);*
a sua [a **ßu**a] *(seine/ihre/Ihre)*
o nosso [u **no**ßu] *(unser);*
a nossa [a **no**ßa] *(unsere)*
o vosso [u **wo**ßu] *(euer);*
a vossa [a **wo**ßa] *(eure)*
o seu [u ßeu] *(ihr/Ihr);*
a sua [a **ßu**a] *(ihre/Ihre)*

In der Mehrzahl wird an alle Formen ein **-s** angehängt: os meus filhos [usch meusch **fi**ljusch] *(meine Kinder);* as minhas chaves [asch **mi**njasch **scha**wəsch] *(meine Schlüssel).*

Demonstrativpronomen

Einzahl: este [**esch**tə] *(dieser),* esta [**äsch**ta] *(diese),* isto [**isch**tu] *(dieses/dies hier);*
esse [**e**ßə] *(der da),* essa [**ä**ßa] *(die da),* isso [**i**ßu] *(das da);*
aquele [a**ke**lə] *(jener),* aquela [a**kä**la] *(jene),* aquilo [a**ki**lu] *(jenes/das dort).*

In der Mehrzahl wird jeweils ein **-s** angefügt: estes livros [**esch**təsch **li**wrusch] *(diese Bücher);* aquelas casas [a**kä**lasch **ka**sasch] *(jene Häuser).*

Präpositionen

em [ẽi] *(in, an, auf)*
a [a] *(nach, zu)*
de [də] *(von)*
para [**pa**ra] *(für, nach)*
por [pur] *(durch, für, pro)*
com [kõ] *(mit)*
sem [ßẽi] *(ohne)*
entre [**ẽn**trə] *(zwischen)*

Einige Präpositionen verschmelzen mit dem nachfolgenden Artikel: em+o = no [nu] *(im),* em+a = na [na] *(in der);* a+o = ao [au] *(in den),* a+a = à [a] *(in die),* de+o = do [du] *(vom),* de+a = da [da] *(von der);* por+o = pelo [**pe**lu] *(durch den),* por+a = pela [**pe**la] *(durch die).*

Z. B. Vou ao restaurante.
[wo au rəschtau**rãn**tə]
(Ich gehe ins Restaurant.)
Vamos à praia. [**wa**mus‿a **pra**ja]
(Wir gehen an den Strand.)

Nach einer Präposition steht anstelle von me **mim** und anstelle von te **ti:** para mim [**pa**ra mĩ] *(für mich);* de ti [də ti] *(von dir).*

Verben

Im Portugiesischen unterscheidet man drei Gruppen von regelmäßigen Verben. Sie enden auf -ar, -er oder -ir. In der Regel werden die Pronomen (ich, du etc.) weggelassen, da die Person bereits aus der Endung des Verbs hervorgeht.

Präsens

Hinweis: Die zweite Person Plural *(ihr)* wird im heutigen Portugiesisch ersetzt durch die dritte Person: vocês [wo**ßesch**] *(Sie).*

falar [fa**lar**] *(sprechen):*
falo [**fa**lu] *(ich spreche)*
falas [**fa**lasch] *(du sprichst)*
fala [**fa**la] *(er/sie/es spricht; Sie sprechen [Sing])*
falamos [fa**la**musch] *(wir sprechen)*
falam [**fa**lãu] *(ihr sprecht; sie/Sie sprechen [Pl])*

comer [ku**mer**] *(essen):*
como [**ko**mu] *(ich esse)*
comes [**ko**məsch] *(du isst)*
come [**ko**mə] *(er/sie/es isst; Sie essen)*
comemos [ku**me**musch] *(wir essen)*
comem [**ko**mẽi] *(ihr esst; sie/Sie essen)*

abrir [a**brir**] *(öffnen):*
abro [**a**bru] *(ich öffne)*
abresch [**a**brəsch] *(du öffnest)*
abre [**a**brə] *(er/sie/es öffnet; Sie öffnen)*
abrimos [a**bri**musch] *(wir öffnen)*
abrem [**a**brẽi] *(ihr öffnet; sie/Sie öffnen)*

Die wichtigsten unregelmäßigen Verben:

ter [ter] *(haben):*
tenho [**te**nju] *(ich habe)*
tens [tẽisch] *(du hast)*
tem [tẽi] *(er/sie/es hat; Sie haben)*
temos [**te**musch] *(wir haben)*
têm [tẽi] *(ihr habt; sie/Sie haben)*

poder [pu**der**] *(können):*
posso [**po**ßu] *(ich kann)*
podes [**po**dəsch] *(du kannst)*
pode [**po**də] *(er/sie/es kann; Sie können)*
podemos [pu**de**musch] *(wir können)*
podem [**po**dẽi] *(ihr könnt; sie/Sie können)*

ir [ir] *(gehen, fahren):*
vou [wo] *(ich gehe)*
vais [waisch] *(du gehst)*
vai [wai] *(er/sie/es geht; Sie gehen)*
vamos [**wa**musch] *(wir gehen)*
vão [wãu] *(ihr geht; sie/Sie gehen)*

querer [kə**rer**] *(wollen, mögen):*
quero [**kä**ro] *(ich will)*
queres [**kä**rəsch] *(du willst)*
quer [kär] *(er/sie/es will; Sie wollen)*
queremos [kə**re**musch] *(wir wollen)*
querem [**kä**rẽi] *(ihr wollt; sie/Sie wollen)*

estar [isch**tar**] *(sein, sich befinden):*
estou [isch**to**] *(ich bin)*
estás [isch**tasch**] *(du bist)*
está [isch**ta**] *(er/sie/es ist; Sie sind)*
estamos [isch**ta**musch] *(wir sind)*
estão [isch**tãu**] *(ihr seid; sie/Sie sind)*

Während **estar** eher vorübergehende Zustände bezeichnet, verwendet man das Verb **ser** für wesentliche Eigenschaften einer Sache oder Person:

ser [ßer] *(sein):*
sou [ßo] *(ich bin)*
és [äsch] *(du bist)*
é [ä] *(er/sie/es ist; Sie sind)*
somos [**ßo**musch] *(wir sind)*
são [ßãu] *(ihr seid; sie/Sie sind)*

Historisches Perfekt

Für das *pretérito perfeito simples,* die am häufigsten verwendete Vergangenheitsform, werden spezielle Endungen an den Verbstamm angehängt. Hier die Formen der regelmäßigen Verben:

falar [fa**lar**] *(sprechen):*
falei [fa**läi**] *(ich sprach)*
falaste [fa**lasch**tə] *(du sprachst)*
falou [fa**lo**] *(er/sie/es sprach; Sie sprachen)*
falámos [fa**la**musch] *(wir sprachen)*
falaram [fa**la**rãu] *(ihr spracht; sie/Sie sprachen)*

comer [ku**mer**] *essen:*
comi [ku**mi**] *(ich aß)*
comeste [ku**mesch**tə] *(du aßest)*
comeu [ku**meu**] *(er/sie/es aß; Sie aßen)*
comemos [ku**me**musch] *(wir aßen)*
comeram [ku**me**rãu] *(ihr aßt; sie/Sie aßen)*

abrir [a**brir**] *(öffnen):*
abri [a**bri**] *(ich öffnete)*
abriste [a**brisch**tə] *(du öffnetest)*
abriu [a**briu**] *(er/sie/es öffnete; Sie öffneten)*
abrimos [a**bri**musch] *(wir öffneten)*
abriram [a**bri**rãu] *(ihr öffnetet; sie/Sie öffneten)*

Verneinung

Não heißt *nein* und *nicht.* Die Verneinung steht immer vor dem Verb: Não percebo. [nãu pər**ßä**bu] *(Ich verstehe nicht.)*

Nada [**na**da] *(nichts)* verlangt eine doppelte Verneinung: Não quero nada. [nãu **kä**ru **na**da] *(Ich möchte nichts.)*

Das portugiesische Alphabet

A a	[a]	N n	[**ä**nə]
B b	[be]	O o	[o]
C c	[ße]	P p	[pe]
D d	[de]	Q q	[ke]
E e	[ä]	R r	[**ä**rə]
F f	[**ä**fə]	S s	[**ä**ßə]
G g	[~~sch~~e]	T t	[te]
H h	[a**ga**]	U u	[u]
I i	[i]	V v	[we]
J j	[**~~sch~~o**ta]	X x	[schisch]
L l	[**ä**lə]	Z z	[se]
M m	[**ä**mə]		

Bem-vindos em Portugal! Willkommen in Portugal!

Allgemeines

Begrüßung und Verabschiedung

Guten Morgen!/Guten Tag! — Bom dia! [bõ **dia**]
Guten Tag!/Guten Abend! — Boa tarde! [**boa tar**də]
Gute Nacht! — Boa noite! [**boa noi**tə]
Hallo! — Olá [o**la**]

Wie geht's? — Como está? [**ko**mu isch**ta**]
Wie geht es Ihnen/dir? — Como vai/vais? [**ko**mu wai/waisch]
Danke, gut. — Bem, obrigado *(m)* / obrigada *(f)*. [bẽi ubri**ga**du/ubri**ga**da]
Und Ihnen? — E o senhor *(m)*? / E a senhora *(f)*? [i u ßə**njor**/i a ßə**njo**ra]
Und dir? — E tu? [i tu]
Auf Wiedersehen!/Tschüss! — Adeus! [a**deusch**]
Bis dann. — Até logo! [a**tä lo**gu]
Bis morgen. — Até amanhã! [a**tä** ama**njã**]

Grüße an die Familie! — Cumprimentos à família. [kumpri**mẽn**tus‿a fa**mi**lia]
Vielen Dank. — Muito obrigado *(m)* / obrigada *(f)*. [mũit‿ubri**ga**du/ubri**ga**da]
Es hat uns sehr gefallen. — Gostámos muito. [gusch**ta**musch **mũi**tu]

* Boa viagem! [**boa wja**sehẽi] — Gute Reise!

Anrede und Vorstellung

Herr/Frau/Fräulein … — Senhor/Senhora/Menina … [ßə**njor**/ßə**njo**ra/mə**ni**na]

Wie heißen Sie/heißt du? — Como se chama/te chamas? [**ko**mu ßə **scha**ma/tə **scha**masch]

Ich heiße … — Chamo-me … [**scha**mu‿mə]

Das ist mein Mann/Freund. — Este é o meu marido/amigo. [**esch**tə ä u meu ma**ri**du/a**mi**gu]

Das ist meine Frau/Freundin. — Esta é a minha mulher/amiga. [**äsch**ta ä a **mi**nja mu**ljär**/a**mi**ga]

Das sind meine Kinder. — Estes são os meus filhos. [**esch**təsch ßãu u~~sch~~ meusch **fi**ljusch]

Angenehm./Sehr erfreut. — Muito prazer. [**mũi**tu pra**ser**]

Gleichfalls. — Igualmente. [igwal**mẽn**tə]

Woher kommst du/kommen Sie? — Donde és/é? [**dõn**də äsch/ä]

Ich bin/Wir sind — **Sou/Somos** [ßo/**ßo**musch]
- aus Deutschland — da Alemanha [da alə**ma**nja]
- aus Österreich — da Austria [da **ausch**tria]
- aus der Schweiz. — da Suiça. [da ßu**i**ßa]

Verständigung

Sprechen Sie/Sprichst du Deutsch/Englisch? — Fala/Falas alemão/inglês? [**fa**la/**fa**las‿alə**mãu**/ĩn**glesch**]

Wie heißt das? — Como se chama isto? [**ko**mu ßə **scha**ma **isch**tu]

Wie bitte? — Como? [**ko**mu]

Was bedeutet das? — Que quer dizer? [kə kär di**ser**]

Haben Sie verstanden?/Hast du verstanden? — Percebeu?/Percebeste? [pərßə**beu**/pərßə**bäsch**tə]

Ich verstehe nicht. — Não percebo. [nãu pər**ßä**bu]

Langsamer bitte! — Mais devagar, faz favor! [mai~~sch~~ dəwa**gar** fasch fa**wor**]

Bitte nochmal! — Outra vez, faz favor! [**o**tra wesch fasch fa**wor**]

Können Sie/Kannst du — **Pode/Podes** [**po**də/**po**dəsch]
- mir das aufschreiben — escrever-mo [əschkrə**wer**‿mu]
- mir das erklären/übersetzen? — explicar-mo/traduzir-mo? [äischpli**kar**‿mu/tradu**sir**‿mu]

Richtig gegrüßt

Der Wechsel in der Begrüßungsform von **bom dia** [bõ **di**a] zu **boa tarde** [**bo**a **tar**də] vollzieht sich ziemlich genau mit dem 12-Uhr-Läuten, da in Portugal in der Regel auch zwischen 12 und 13 Uhr zu Mittag gegessen wird. Nach Einbruch der Dunkelheit liegen Sie mit **boa noite** [**bo**a **noi**tə] als Grußform richtig. Als Anrede wird das portugiesische **você** [wo**ße**] *(Sie)* nur unter wirklich guten Bekannten verwendet. Es klingt Fremden gegenüber zu vertraulich oder gar herablassend. Die korrekte, höfliche Anrede für Personen, die man nicht oder aber nicht sehr gut kennt, ist **o senhor** [u ßə**njor**] *(der Herr)* und **a senhora** [a ßə**njo**ra] *(die Dame)*: **Como está o senhor?** [**ko**mu isch**ta** u ßə**njor**] *(Wie geht es Ihnen [mein Herr]?)*

Höflichkeitsfloskeln

Bitte.	Faz favor./Por favor. [fasch fa**wor**/pur fa**wor**]
Danke.	Obrigado. *(m)* / Obrigada. *(f)* [ubri**ga**du/ubri**ga**da]
Vielen Dank.	Muito obrigado/-a. [**mũi**t‿ubri**ga**do/-a]
Danke, gleichfalls.	Obrigado/-a, igualmente. [ubri**ga**du/-a igwal**mẽn**tə]
Danke für Ihre Hilfe.	Obrigado/-a pela sua ajuda. [ubri**ga**du/-a **pe**la **ß**ua a~~sch~~**u**da]
Bitte.	De nada. [də **na**da]
Keine Ursache.	Não tem de quê. [nãu tẽi də ke]
Erlauben Sie?	Com licença? [kõ li**ßẽn**ßa]
Entschuldigung.	Desculpe. [dəsch**kul**pə]
Das macht nichts.	Não faz mal. [nãu fa~~sch~~ mal]
Einen Augenblick, bitte!	Um momento, faz favor! [ũ mu**mẽn**tu fasch fa**wor**]
Das ist sehr nett.	É muito amável. [ä **mũi**tu a**ma**wäl]
Das tut mir sehr leid.	Lamento muito. [la**mẽn**tu **mũi**tu]
Das ist schade.	Que pena! [kə **pe**na]
Herzlich willkommen!	Bemvindo! [bẽi**wĩn**du]
Herzlichen Glückwunsch!	Parabéns! [para**bẽisch**]
Alles Gute zu Ihrem/deinem Geburtstag!	Parabéns pelo seu/teu aniversário! [para**bẽisch pe**lu ßeu/teu aniwər**ßa**riu]
Viel Spaß!	Divirta-se! *(Sie)* / Diverte-te! *(du)* [di**wir**ta‿ßə/di**wär**tə‿tə]
Gute Besserung!	As melhoras! [a~~sch~~ mə**ljo**rasch]
Viel Glück!	Boa sorte! [**boa ßor**tə]
Gute Reise!	Boa viagem! [**boa** **wja**~~sch~~ẽi]
Schöne Ferien!	Boas férias! [**bo**asch **fä**riasch]
Frohe Weihnachten!	Feliz Natal! [fə**li**~~sch~~ na**tal**]
Frohe Ostern!	Feliz Páscoa! [fə**lisch pasch**kua]
Ein frohes neues Jahr!	Feliz Ano Novo! [fə**lis**‿**a**nu **no**wu]

Sich kennen lernen

Darf ich mich setzen?	Posso sentar-me? [**po**ßu ßẽn**tar**‿mə]
Gestatten Sie?	Dá licença? [da li**ßẽn**ßa]
Sind Sie/Bist du	**Está/Estás** [isch**ta**/isch**tasch**]
alleine	sozinho *(m)* / sozinha *(f)* [ßo**si**nju/ßo**si**nja]
mit Freunden unterwegs?	com amigos? [kõ a**mi**gusch]
Sind Sie/Bist du verheiratet?	É/És casado *(m)* / casada *(f)*? [ä/äsch ka**sa**du/ka**sa**da]
Hast du einen Freund/eine Freundin?	Tens namorado/namorada? [tẽisch namu**ra**do/namu**ra**da]
Wie alt bist du?	Quantos anos tens? [**kwãn**tus‿**a**nusch tẽisch]
Ich bin 25 Jahre alt.	Tenho 25 anos. [**te**nju wĩnt‿i **ßĩn**ku **a**nusch]
Was sind Sie/bist du von Beruf?	Qual é a sua/tua profissão? [kwal ä a **ß**ua/**tu**a prufi**ßãu**]

Adeuzinho – obrigadinho

In Portugal liebt man Verkleinerungsformen. Vielleicht bietet man Ihnen nach dem Essen liebenswürdigerweise einen **cafezinho** [kafä**si**nju] anstelle eines **café** [ka**fä**] an. Wenn sich jemand mit **obrigadinho** [ubriga**di**nju] statt **obrigado** [ubri**ga**du] bedankt, dürfen Sie das als ein besonders herzliches Dankeschön verstehen. Auch im vertraulichen **adeuzinho** [adeu**si**nju] anstelle von **adeus** [a**deusch**] *(Auf Wiedersehen!)* schwingt Gefühl, manchmal sogar Wehmut mit. Nach diesem Abschiedswort können Sie davon ausgehen, dass man Sie tatsächlich vermissen wird.

Ich gehe noch zur Schule.	Ainda vou à escola. [aĩnda wo a isch**ko**la]
Ich bin Student(in).	Sou estudante. [ßo ischtu**dãn**tə]
Ich bin Angestellte/Angestellter.	Sou empregada/empregado. [ßo ẽmprə**ga**da/ẽmprə**ga**du]
Möchten Sie etwas trinken?	Quer beber qualquer coisa? [kär bə**ber** kwal**kär koi**sa]
Gerne.	Com muito gosto. [kõ **mũi**tu **gosch**tu]
Gute Idee.	Boa ideia. [**bo**a i**dä**ia]
Warum nicht?	Porque não? [**pur**kə nãu]
Nein, danke.	Não, obrigado *(m)* / obrigada *(f)*. [nãu ubri**ga**du/ubri**ga**da]
Vielleicht ein andermal.	Fica para outra vez. [**fi**ka **pa**ra **o**tra wesch]
Vielleicht später.	Talvez mais tarde. [tal**wesch** maisch **tar**də]
Gefällt es Ihnen/dir hier?	Gosta/Gostas de estar aqui? [**gosch**ta/**gosch**tasch də isch**tar‿aki**]
Mir gefällt es sehr gut.	Gosto muito. [**gosch**tu **mũi**tu]
Sind Sie/Bist du zum ersten Mal hier?	Está/Estás cá pela primeira vez? [isch**ta**/isch**tasch** ka **pe**la pri**mäi**ra wesch]
Nein, ich war schon einmal in …	Não, já estive em … [nãu ~~seh~~a isch**ti**wə ẽi]
Kennen Sie/Kennst du Deutschland?	Conhece/Conheces a Alemanha? [ku**nje**ßə/ku**nje**ßəs‿a alə**ma**nja]
Besuchen Sie/Besuche mich doch einmal.	Faça-me/faz-me uma visita. [**fa**ßa‿mə/fa~~seh~~‿mə **u**ma wi**si**ta]
Hier ist meine Adresse.	Esta é a minha direcção. [**äsch**ta ä a **mi**nja dirä**ßãu**]
Wie lange sind Sie/bist du schon hier?	Quanto tempo já está/estás cá? [**kwãn**tu **tẽm**pu ~~seh~~a isch**ta**/isch**tasch** ka]
Seit einer Woche./Seit zwei Tagen.	Uma semana./Dois dias. [**u**ma ßə**ma**na/doi~~seh~~ **di**asch]
Wie lange bleiben Sie/bleibst du noch hier?	Quanto tempo fica/ficas cá? [**kwãn**tu **tẽm**pu **fi**ka/**fi**kasch ka]
Noch eine Woche./Noch zwei Tage.	Mais uma semana./Mais dois dias. [mais‿**u**ma ßə**ma**na/mai~~seh~~ doi~~seh~~ **di**asch]

Wollen wir heute/morgen zusammen	**Vamos … juntos hoje/amanhã?** [**wa**musch … ~~seh~~**ũn**tus‿o~~seh~~ə/ama**njã**]
essen	comer [ku**mer**]
ins Kino/zum Tanzen gehen	ao cinema/a dançar [au ßi**ne**ma/a dãn**ßar**]
Sport treiben	praticar um desporto [prati**kar** ũ dəsch**por**tu]
spielen?	jogar [~~seh~~u**gar**]
Gehen wir heute/morgen zusammen aus?	Vamos sair juntos hoje/amanhã? [**wa**musch ßa**ir** ~~seh~~**ũn**tus‿**o**~~seh~~ə/ama**njã**]
Einverstanden.	De acordo. [də a**kor**du]
In Ordnung!	Está bem. [isch**ta** bẽi]
Nein, ich möchte nicht.	Não, não quero. [nãu nãu **kä**ru]
Ich kann leider nicht.	Lamento, mas não posso. [la**mẽn**tu masch nãu **po**ßu]
Wann/Wo treffen wir uns?	Quando/Onde nos encontramos? [**kwãn**du/**õn**də nus‿ẽnkõn**tra**musch]
Um 9 Uhr vor dem Kino.	Às nove horas diante do cinema. [a~~seh~~ **no**wə **o**rasch di**ãn**tə du ßi**ne**ma]
Kann ich	**Posso** [**po**ßu]
Sie abholen	ir buscá-lo *(m)* / buscá-la *(f)* [ir busch**ka**‿lu/busch**ka**‿la]
Sie nach Hause bringen	levá-lo *(m)* / levá-la *(f)* à casa [lə**wa**‿lu/lə**wa**‿la a **ka**sa]
dich zum Bus bringen?	levar-te à paragem do autocarro? [lə**war**‿tə a pa**ra**~~seh~~ẽi du autu**ka**rru]
Nein, das ist nicht nötig.	Não, não é preciso. [nãu nãu ä prə**ßi**su]
Das war ein wunderschöner Tag/ein wunderschöner Abend.	Foi um dia maravilhoso/uma noite maravilhosa. [foi ũ **di**a marawi**ljo**su/**u**ma **noi**tə marawi**ljo**sa]
Wann treffen wir uns wieder?	Quando voltamos a encontrar-nos? [**kwãn**du wol**ta**mus‿a ẽnkõn**trar**‿nusch]
Das gefällt mir nicht.	Isto não me agrada. [**isch**tu nãu mə a**gra**da]
Lassen Sie mich/Lass mich in Ruhe!	Deixe-me/Deixa-me em paz! [**däi**schə‿mə/**däi**scha‿mə ẽi pasch]
Bitte gehen Sie/geh!	Por favor vá-se/vai-te embora! [pur fa**wor** wa‿ßə/wai‿tə ẽm**bo**ra]
Verschwinden Sie!/Verschwinde!	Ponha-se a andar!/Põe-te a andar! [**po**nja‿ßə a an**dar**/põi‿tə a an**dar**]

Fragen

Was ist das?	Que é isto? [kə ä **isch**tu]
Was kostet das?	Quanto custa? [**kwãn**tu **kusch**ta]
Wo ist/gibt es …?	Onde é/há …? [**õn**də ä/a]
Wohin fährt …?	Para onde vai …? [**pa**ra **õn**də wai]
Wie heißt das?	Como se chama isto? [**ko**mu ßə **scha**ma **isch**tu]
Wie lange dauert das?	Quanto tempo dura? [**kwãn**tu **tẽm**pu **du**ra]
Wann beginnt das Konzert?	Quando começa o concerto? [**kwãn**du ku**me**ßa u kõn**ßär**tu]

Wieviele Kilometer/Minuten sind es?
Quantos kilómetros/minutos são?
[**kwãn**tusch ki**lo**mətrusch/mi**nu**tusch ßãu]

Können Sie
mir helfen
mir das zeigen?
Pode [**po**də]
ajudar-me [a~~sch~~u**dar**‿mə]
mostrar-mo? [musch**trar**‿mu]

Kann ich Ihnen helfen?
Posso ajudá-lo *(m)* / ajudá-la *(f)?*
[**po**ßu a~~sch~~u**da**‿lu/a~~sch~~u**da**‿la]

Fragewörter

Was? — O quê? [u ke]
Wer? — Quem? [kẽi]
Welche (-r, -s)? — Qual? [kwal]
Wo? — Onde? [**õn**də]
Wohin? — Para onde? [**pa**ra **õn**də]
Wie? — Como? [**ko**mu]
Wieviel? — Quanto/-a? [**kwän**tu/-a]
Wieviele? — Quantos/-as? [**kwãn**tusch/-asch]
Wann? — Quando? [**kwãn**du]
Wie lange? — Quanto tempo? [**kwãn**tu **tẽm**pu]
Warum? — Porquê? [pur**ke**]
Wofür? — Para quê? [**pa**ra ke]

Uhrzeit

Wie spät ist es (genau)?
Que horas são (exactamente)?
[kə **o**rasch ßãu (isata**mẽn**tə)]

Es ist
1 Uhr
12 Uhr mittag/Mitternacht.
É [ä]
uma hora [**u**ma **o**ra]
meio-dia/meia-noite. [**mäi**u **di**a/**mäi**a **noi**tə]

Es ist
2 Uhr/3 Uhr
Viertel nach 3
Viertel vor 5
15 Uhr 20
halb 4
5 Minuten vor 6.
São [ßãu]
duas horas/três horas
[**du**as‿**o**rasch/tres‿**o**rasch]
três e um quarto [tres‿i ũ **kwar**tu]
cinco menos um quarto
[**ßĩn**ku **me**nus‿ũ **kwar**tu]
quinze e vinte [**kĩn**sə i **wĩn**tə]
três e meia [tres‿i **mäi**a]
seis menos cinco. [ßäisch **me**nusch **ßĩn**ku]

Um wieviel Uhr müssen wir hier sein?
A que horas temos de estar cá?
[a kə **o**rasch **te**musch də isch**tar** ka]

* Às doze mais ou menos.
[asch **do**sə mais‿o **me**nusch]
Ungefähr um 12 Uhr.

* Às treze em ponto.
[asch **tre**sə ẽi **põn**tu]
Pünktlich um 13 Uhr.

Wann gibt es Frühstück/ Mittagessen/Abendessen?
A que horas é o pequeno almoço/ o almoço/o jantar? [a kə **o**ras‿ä u pə**ke**nu al**mo**ßu/u al**mo**ßu/u ~~sch~~ãn**tar**]

* Das oito às nove horas. [das‿**oi**tu asch **no**wə **o**rasch]	Von 8 bis 9 Uhr.
* Entre as sete e as oito horas. [**ẽn**trə asch **ßä**tə i as‿**oi**tu **o**rasch]	Zwischen 7 und 8 Uhr.
* Dentro de uma hora. [**dẽn**tru də **u**ma **o**ra]	In einer Stunde.

Datum

Den wievielten haben wir heute?	Quantos são hoje? [**kwãn**tusch ßãu **o**~~sch~~ə]
Heute ist der 1. August.	Hoje é o primeiro de Agosto. [**o**~~sch~~ə ä u pri**mäi**ru də a**gosch**tu]
Heute ist der 2./15. Juni.	Hoje é o dois/quinze de Junho. [**o**~~sch~~ə ä u doisch/**kĩn**sə də ~~sch~~**u**nju]
Wir kommen am 20. Mai an.	Chegamos o vinte de Maio. [schə**ga**mus‿u **wĩn**tə də **ma**ju]
Wir bleiben bis 31. August.	Ficamos até o trinta e um de Agosto. [fi**ka**mus‿a**tä** u **trĩn**ta i ũ də a**gosch**tu]
Ich bin geboren/ Ich habe Geburtstag am 12. Januar (1960).	**Nasci/O meu aniversário é** [nasch**ßi**/u meu aniwər**ßa**riu ä] o doze de Janeiro (de mil novecentos e sessenta). [u **do**sə də ~~sch~~a**näi**ru (də mil nowə**ßẽn**tus‿i ßə**ßẽn**ta)]

Zeitangaben

abends	à tarde [a **tar**də]
am Wochenende	o fim de semana [u fĩ də ßə**ma**na]
bis morgen!	até amanhã! [a**tä** ama**njã**]
früh(morgens)	cedo (pela manhã) [**ße**du (**pe**la ma**njã**)]
gestern	ontem [**õn**tẽi]
heute	hoje [**o**~~sch~~ə]
heute Abend	hoje à noite [**o**~~sch~~ə a **noi**tə]
in 14 Tagen	dentro de 15 dias [**dẽn**tru də **kĩn**sə **di**asch]
(dieses/jedes) Jahr	(este/cada) ano [(**esch**tə/**ka**da) **a**nu]
nächstes Jahr	o próximo ano [u **pro**ßimu **a**nu]
letztes Jahr	o ano passado [u **a**nu pa**ßa**du]
jetzt	agora [a**go**ra]
manchmal	às vezes [a~~sch~~ **we**səsch]
Minute	minuto [mi**nu**tu]
mittags	ao meio-dia [au **mäi**u **di**a]
morgen	amanhã [ama**njã**]
morgens	pela manhã [**pe**la ma**njã**]
nachmittags	pela tarde [**pe**la **tar**də]
nachts	à noite [a **noi**tə]
rechtzeitig	a tempo [a **tẽm**pu]
Sekunde	segundo [ßə**gũn**du]
(zu) spät	tarde (demais) [**tar**də (də**maisch**)]

Wochentage

Montag segunda-feira [ßə**gũn**da‿**fäi**ra]
Dienstag terça-feira [**ter**ßa‿**fäi**ra]
Mittwoch quarta-feira [**kwar**ta‿**fäi**ra]
Donnerstag quinta-feira [**kĩn**ta‿**fäi**ra]
Freitag sexta-feira [**ßäisch**ta‿**fäi**ra]
Samstag sábado [**ßa**badu]
Sonntag domingo [du**mĩn**gu]

Monate

Januar Janeiro [~~seh~~a**näi**ru]
Februar Fevereiro [fəwə**räi**ru]
März Março [**mar**ßu]
April Abril [a**bril**]
Mai Maio [**ma**ju]
Juni Junho [~~**seh**~~**u**nju]
Juli Julho [~~**seh**~~**u**lju]
August Agosto [a**gosch**tu]
September Setembro [ßə**tẽm**bru]
Oktober Outubro [o**tu**bru]
November Novembro [nu**wẽm**bru]
Dezember Dezembro [də**sẽm**bru]

Jahreszeiten

Frühling primavera [prima**wä**ra]
Sommer verão [wə**rãu**]
Herbst outono [o**to**nu]
Winter inverno [ĩn**wär**nu]
Hoch-/Nebensaison temporada alta/baixa [tẽmpu**ra**da **al**ta/**bai**scha]

päter	mais tarde [maisch **tar**də]
tunde	hora [**o**ra]
äglich	todos os dias [**to**dus‿u~~seh~~ **di**asch]
ag	dia *(m)* [**di**a]
bermorgen	depois de amanhã [də**poi**~~seh~~ də ama**njã**]
or (2 Tagen)	há (dois dias) [a (doi~~seh~~ **di**asch)]
orgestern	anteontem [ãnti**õn**tẽi]
orher	antes [**ãn**təsch]
ormittags	pela manhã [**pe**la ma**njã**]
Voche	semana [ßə**ma**na]
ur Zeit	actualmente [atual**mẽn**tə]

Maßeinheiten

m/m/km	centímetro [ßẽn**ti**mətru]/metro [**mä**tru]/ quilómetro [ki**lo**mətru]
m²/km²/ha	metro quadrado [**mä**tru kwa**dra**du]/ quilómetro quadrado [ki**lo**mətru kwa**dra**du]/ hectare *(m)* [äk**ta**rə]
m³	metro cúbico [**mä**tru **ku**biku]
km/h	quilómetro por hora [ki**lo**mətru pur **o**ra]
/4 Liter	um quarto de litro [ũ **kwar**tu də **li**tru]
/2 Liter	meio litro [**mäi**u **li**tru]
Gramm/Pfund/Kilo/Tonne	grama *(m)* [**gra**ma]/meio quilo [**mäi**u **ki**lu]/ quilo [**ki**lu]/tonelada [tunə**la**da]
Sekunde/Minute/Stunde	segundo [ßə**gũn**du]/minuto [mi**nu**tu]/hora [**o**ra]
Tag/Woche/Monat/Jahr	dia *(m)* [**di**a]/semana [ßə**ma**na]/mês *(m)* [mesch]/ano [**a**nu]
dutzend	dúzia [**du**sia]
ein Paar	um par de [ũ par də]
Portion	porção *(f)* [pur**ßãu**]

Wetter

Wie schön das Wetter heute ist!	Que bom tempo faz hoje! [kə bõ **tẽm**pu fas‿**o~~sch~~ə**]
Bleibt das Wetter schlecht/ schön?	O tempo continua bom/mau? [u **tẽm**pu kõnti**nu**a bõ/mau]
Was sagt der Wetterbericht?	Que diz a previsão do tempo? [kə dis‿a prəwi**são** du **tẽm**pu]
Es wird kälter/wärmer.	Vai estar mais fresco/mais quente. [wai isch**tar** maisch **fresch**ku/maisch **kẽn**tə]
Es ist heiß/schwül/windig.	Está muito quente/abafado/vento. [isch**ta** **mũi**tu **kẽn**tə/aba**fa**du/**wẽn**tu]
Es ist stürmisch/neblig.	Está tempestuoso/enevoado. [isch**ta** tẽmpəschtu**o**su/inəwu**a**du]
Heute/Morgen soll es regnen/ schneien.	Hoje/Amanhã deve chover/nevar. [**o~~sch~~ə**/ama**njã** **de**wə schu**wer**/nə**war**]
Wie lange regnet es schon?	Há quanto tempo chove? [a **kwãn**tu **tẽm**pu **scho**wə]
Wann hört der Regen auf?	Quando termina a chuva? [**kwãn**du tər**mi**na a **schu**wa]
Wieviel Grad haben wir?	Quantos graus temos? [**kwãn**tusch grausch **te**musch]
25 Grad (im Schatten).	25 graus (à sombra). [wĩnt‿i **ß**ĩ**n**ku graus‿(a **ßõm**bra)]

Farben

Ich suche eine blaue/schwarze Hose.	Procuro umas calças azuis/pretas. [pro**ku**ru **u**masch **kal**ßas‿a**suisch**/**pre**tasch]
Haben Sie dieses Hemd	**Tem esta camisa** [tẽi **äsch**ta ka**mi**sa]
auch in Weiß	também em branco [tãm**bẽi** ẽi **brãn**ku]
in einer anderen Farbe?	noutra cor? [**no**tra kor]
Diese Farbe	**Esta cor** [**äsch**ta kor]
gefällt mir nicht	não me agrada [não mə a**gra**da]
ist zu hell/zu dunkel.	é clara demais/escura demais. [ä **kla**ra də**maisch**/isch**ku**ra də**maisch**]

Farben

beige bege [**bä~~sch~~ə**]
blau azul [a**sul**]
blond louro [**lo**ru]
braun castanho [kasch**ta**nju]
bunt colorido [kulu**ri**du]
dunkel escuro [isch**ku**ru]
einfarbig liso [**li**su]
gelb amarelo [ama**rä**lu]
gemustert estampado [ischtãm**pa**du]
gestreift de riscas [də **risch**kasch]
grau cinzento [ßĩn**sẽn**tu]
grün verde [**wer**də]
hell claro [**kla**ru]
kariert aos quadrados [ausch kwa**dra**dusch]
lila lilás [li**lasch**]
rosa cor-de-rosa [kor‿də‿**ro**sa]
rot vermelho [wər**mä**lju]
schwarz preto [**pre**tu]
weiß branco [**brãn**ku]

Porto: Blick auf die Altstadt – im Vordergrund die alte Ponte de Dom Luis I als Verbindung zu den Portwein-Lagern in Vila Nova de Gaia

Reisewege und Verkehrsmittel

An der Grenze

* O seu passaporte, faz favor! [u ßeu paßa**por**tə fasch fa**wor**]	Ihren Pass, bitte!
* A sua carta de condução, faz favor! [a ßua **kar**ta də kõndu**ßãu** fasch fa**wor**]	Ihren Führerschein, bitte!
* Os documentos do carro, faz favor! [usch duku**mẽn**tusch du **ka**rru fasch fa**wor**]	Die Fahrzeugpapiere, bitte!
* Os passaportes das crianças, faz favor! [usch paßa**por**təsch dasch kri**ãn**ßasch fasch fa**wor**]	Die Kinderpässe, bitte!
* A carta verde, faz favor! [a **kar**ta **wer**də fasch fa**wor**]	Die grüne Versicherungskarte, bitte!
* Aonde vai? [a**õn**də wai]	Wohin fahren Sie?
Ich fahre/Wir fahren nach …	Vou/Vamos para … [wo/**wa**musch **pa**ra]
Ich bin Tourist/Touristin.	Sou turista. [ßo tu**risch**ta]
Ich bin auf Geschäftsreise.	Faço uma viagem de negócios. [**fa**ßu **u**ma **wja**schẽi də nə**go**ßjusch]
* Tem alguma coisa a declarar? [tẽi al**gu**ma **koi**sa a dəkla**rar**]	Haben Sie etwas zu verzollen?
Nein, ich habe nichts zu verzollen.	Não, não tenho nada a declarar. [nãu nãu **te**nju **na**da a dəkla**rar**]
Nur einige Geschenke.	Só alguns presentes. [ßo al**gũnsch** prə**sẽn**təsch]
Muss ich das verzollen?	É preciso declarar isto? [ä prə**ßi**su dəkla**rar** **isch**tu]
* Abra a mala, faz favor! [abra a **ma**la fasch fa**wor**]	Öffnen Sie bitte den Koffer!

Wieviele ... sind zollfrei?	**Quantos ... são isentos de direitos?** [**kwãn**tusch ... ßãu i**sẽn**tusch də di**räi**tusch]
Zigaretten	cigarros [ßi**ga**rrusch]
Liter Wein/Spirituosen	litros de vinho/licores [**li**tru~~sch~~ də **wi**nju/li**ko**rəsch]

Nach dem Weg fragen

Wie komme ich	**Como se vai** [**ko**mu ßə wai]
nach ...	para ... [**pa**ra]
zur Autobahn	à auto-estrada [a **au**tu‿isch**tra**da]
ins Zentrum	ao centro [au **ßẽn**tru]
zum ... Platz	à praça ... [a **pra**ßa]
zur ... Straße	à rua ... [a **ru**a]
zum Bahnhof	à estação dos comboios [a ischta**ßãu** dusch kõm**bo**jusch]
zum Busbahnhof	à estação rodoviária [a ischta**ßãu** rodow**ja**ria]
zum Flughafen/Hafen?	ao aeroporto/porto? [au äru**por**tu/**por**tu]
* No cruzamento [nu krusa**mẽn**tu]	An der Kreuzung
* No semáforo [nu ßə**ma**furu]	An der Ampel
* **Depois de quinhentos metros** [də**poi**~~sch~~ də kin**jẽn**tu~~sch~~ **mä**trusch]	**Nach 500 Metern**
* rechts/links abbiegen	vire à direita/esquerda [**wi**rə a di**räi**ta/isch**ker**da]
* geradeaus fahren/gehen	sempre em frente [**ßẽm**prə ẽi **frẽn**tə]
* zurückfahren/zurückgehen.	voltar para trás. [wol**tar** **pa**ra trasch]
Ist das die Straße nach ...?	Esta é a estrada para ... [**äsch**ta ä a isch**tra**da **pa**ra]
Wieviele Meter/Kilometer sind es nach ...?	Quantos metros/quilómetros são para ...? [**kwãn**tu~~sch~~ **mä**trusch/ki**lo**mətrusch ßãu **pa**ra]
Können Sie mir das auf der Karte zeigen?	Pode mostrar-mo no mapa? [**po**də musch**trar**‿mu nu **ma**pa]

Ein Auto, Motorrad oder Fahrrad mieten

Ich möchte ... mieten.	**Queria alugar** [kə**ri**a alu**gar**]
ein Auto	um carro [ũ **ka**rru]
einen Geländewagen	um carro tipo todo o terreno [ũ **ka**rru **ti**pu **to**du u te**rre**nu]
einen Kleinbus	um pequeno autocarro [ũ pə**ke**nu autu**ka**rru]
ein Wohnmobil	uma auto-vivenda [**u**ma **au**tu‿wi**wẽn**da]
ein Motorrad/Moped	uma motocicleta [**u**ma motoßi**kle**ta]
ein Mofa	uma mobylette [**u**ma mobi**lä**ttə]
einen Motorroller	um scooter [ũ **schku**tə]
ein Fahrrad/ ein Mountainbike	uma bicicleta/uma bicicleta de montanha [**u**ma bißi**klä**ta/**u**ma bißi**klä**ta də mõn**ta**nja]
für 2 Tage/1 Woche	para dois dias/uma semana [**pa**ra doi~~sch~~ **di**asch/**u**ma ßə**ma**na]
ab heute/morgen	a partir de hoje/amanhã. [a par**tir** də **o**~~sch~~ə/aman**jã**]

Wieviel kostet das Fahrzeug	**Quanto custa o veículo** [**kwãn**tu **kusch**ta u wi**i**kulu]
pro Tag/pro Woche	por dia/por semana [pur **di**a/pur ßə**ma**na]
pro gefahrenen Kilometer?	por quilómetro? [pur ki**lo**mətru]
Gibt es eine Kilometer-begrenzung?	Há um límite de quilómetros? [a ũ **li**mitə də ki**lo**mətrusch]
Wieviele Kilometer sind im Preis enthalten?	Quantos quilómetros estão incluídos no preço? [**kwãn**tusch ki**lo**mətrus‿isch**tãu** ĩnklu**i**dusch nu **pre**ßu]
Wieviel Benzin ist noch im Tank?	Quanta gasolina contem o depósito ainda? [**kwãn**ta gasu**li**na kõn**tẽi** u də**po**situ a**ĩn**da]
Welches Benzin muss ich tanken?	Que tipo de gasolina tenho de meter? [kə **ti**pu də gasu**li**na **te**nju də mə**ter**]
Wie hoch ist die Kaution?	Quanto é a caução? [**kwãn**tu ä a kau**ßãu**]
Ist das Auto vollkasko-versichert?	O seguro do carro inclui todos os riscos? [u ßə**gu**ru du **ka**rru in**klui** **to**dus‿usch **risch**kusch]
Wie hoch ist die Selbst-beteiligung?	Quanto é a comparticipação própria? [**kwãn**tu ä a kõmpartißipa**ßãu** **pro**pria]
Kann ich das Fahrzeug in … zurückgeben?	Posso entregar o veículo em …? [**po**ßo ẽntrə**gar** u wi**i**kulu ẽi]
Bis wann muss ich das Fahrzeug zurückbringen?	Até quando tenho de entregar u veículo? [a**tä** **kwãn**du **te**nju də ẽntrə**gar** u wi**i**kulu]
Bitte erklären Sie mir alle Funktionen!	Faça o favor de explicar-me todas as funções. [**fa**ßa u fa**wor** də äischpli**kar**‿mə **to**das‿asch fũn**ßõisch**]

Verkehrsschilder

Acidente Unfall
Atenção Achtung
Auto-estrada Autobahn
Circular pela direita Rechts fahren!
Crianças Vorsicht Kinder!
Curva perigosa Gefährliche Kurve
Dar prioridade Vorfahrt beachten!
Desvio Umleitung
Engarrafamento Stau
Entrada de veículos Einfahrt freihalten!
Estacionamento proibido Parkverbot
Estrada em mau estado Schlechte Fahrbahn
Hospital Krankenhaus
Paragem proibida Halteverbot
Passagem de nível (sem barreira) (unbeschrankter) Bahnübergang
Passagem para peões Fußgängerüberweg
Passagem proibida Durchfahrt verboten!
Perigo Gefahr
Pista para velocípedes Fahrradweg
Portagem Autobahngebühr
Proibição de ultrapassar Überholverbot
Reduza a velocidade Langsamer fahren!
Saída Ausfahrt
Sentido giratório Kreisverkehr
Trabalhos Baustelle
Via de sentido único Einbahnstraße
Zona de estacionamento limitado Kurzparkzone
Zona reservada a peões Fußgängerzone

Parken

Kann ich hier parken?	Posso estacionar aqui? [**po**ßu ischtaßju**nar**‿**a**ki]
Gibt es hier	**Há aqui** [a a**ki**]
einen (bewachten) Parkplatz	um estacionamento (vigiado) [ũ ischtaßjuna**mẽn**tu (wi~~sch~~**ja**du)]
eine Parkgarage?	uma garagem? [**u**ma ga**ra**~~sch~~ẽi]
Ist das Parkhaus nachts geöffnet?	O silo-auto está aberto à noite? [u **ß**ilu‿**au**tu isch**ta** a**bär**tu a **noi**tə]
* Ocupado. [uku**pa**du]	Belegt.
Wie hoch ist die Parkgebühr	**Qual é o preço do estacionamento** [kwal ä u **pre**ßu du ischtaßjuna**mẽn**tu]
pro Stunde	por hora [pur **o**ra]
pro Tag	por dia [pur **di**a]
pro Nacht?	por noite? [pur **noi**tə]

Tanken

Wo ist bitte die nächste Tankstelle?	Onde fica a bomba de gasolina mais perta, faz favor? [**õn**də **fi**ka a **bõm**ba də gasu**li**na mais **pär**ta fasch fa**wor**]
Bitte volltanken/20 Liter	**Faz favor, encha o depósito/vinte litros de** [fasch fa**wor** **ẽn**scha u də**po**situ/**wĩn**tə **li**trusch də]
Normalbenzin	gasolina normal [gasu**li**na nur**mal**]
Super	gasolina super [gasu**li**na **ß**uper]
Diesel	gasóleo [ga**so**liu]
bleifrei/verbleit.	sem chumbo/com chumbo. [ßẽi **schũm**bu/kõ **schũm**bu]
Ich möchte bitte einen Liter Öl.	Queria um litro de óleo, faz favor. [kə**ri**a ũ **li**tru də **o**liu fasch fa**wor**]
Können Sie ... prüfen?	**Pode verificar** [**po**də wərifi**kar**]
den Ölstand	o nível do óleo [u **ni**wäl du **o**liu]
das Kühlwasser	a água do radiador? [a **a**gua du radia**dor**]

Panne, Unfall

Ich habe	**Tenho** [**te**nju]
eine Panne	uma avaria [**u**ma awa**ri**a]
eine Reifenpanne	um furo [ũ **fu**ru]
einen Unfall.	um acidente. [ũ aßi**dẽn**tə]
Können Sie mich mitnehmen	**Pode levar-me** [**po**də lə**war**‿mə]
zu einer Tankstelle	a uma bomba de gasolina [a **u**ma **bõm**ba də gasu**li**na]
zu einer Werkstatt?	a uma oficina? [a **u**ma ufi**ßi**na]

Könnten Sie	**Podia** [pu**di**a]
mein Auto abschleppen	rebocar o meu carro [rəbu**kar** u meu **ka**rru]
mir helfen	ajudar-me [a~~sch~~u**dar**‿mə]
meine Batterie laden	carregar a bateria [karrə**gar** a batə**ri**a]
mir einen Wagenheber leihen	emprestar-me um macaco [ẽmprəsch**tar**‿mə ũ ma**ka**ku]
die Polizei/die Feuerwehr rufen	chamar a polícia/os bombeiros [scha**mar** a pu**li**ßia/u~~sch~~ bõm**bäi**rusch]
einen Krankenwagen rufen	chamar uma ambulância [scha**mar** **u**ma ãmbu**lãn**ßia]
einen Arzt rufen?	chamar um médico? [scha**mar** ũ **mä**diku]
Sind Sie verletzt?	Está ferido/-a? [isch**ta** fə**ri**du/-a]
Es ist niemand verletzt.	Não há ninguém ferido. [nãu a nĩn**gẽi** fə**ri**du]
Es ist jemand (schwer) verletzt.	Alguém está ferido (gravemente). [al**gẽi** isch**ta** fə**ri**du (grawə**mẽn**tə)]
Nennen Sie mir	**Diga-me** [**di**ga‿mə]
Ihren Namen und Ihre Anschrift	o seu nome e endereço [u ßeu **no**mə i ẽndə**re**ßu]
Name und Anschrift Ihrer Versicherung, bitte!	o nome e endereço da sua companhia de seguros, faz favor. [u **no**mə i ẽndə**re**ßu da **ßu**a kõmpa**nji**a də ßə**gu**rusch fasch fa**wor**]
Ich bin/Sie sind/Er ist	**Eu/O senhor** *(m)* / **A senhora** *(f)* / **Ele** [eu/u ßə**njor**/a ßə**njo**ra/**e**lə]
zu schnell gefahren	vinha muito depressa [**wi**nja **mũi**tu də**pre**ßa]
zu dicht aufgefahren.	vinha muito perto. [**wi**nja **mũi**tu **pär**tu]
Sie haben/Er hat/Sie hat	**O senhor** *(m)* / **A senhora** *(f)* / **Ele**/**Ela** [u ßə**njor**/a ßə**njo**ra/**e**lə/**ä**la]
die Vorfahrt missachtet	não respeitou a prioridade [nãu rəschpäi**to** a priori**da**də]
das Rotlicht übersehen.	não viu o vermelho. [nãu wiu u wər**mä**lju]

Auto, Motorrad, Fahrrad

Abschleppseil	cabo de reboque [**ka**bu də rə**bo**kə]
Auspuff	escape *(m)* [isch**ka**pə]
Automatik(getriebe)	caixa de velocidades automática [**kai**scha də wəlußi**da**dəs‿autu**ma**tika]
Autoschlüssel	chave *(f)* do carro [**scha**wə du **kar**ru]
Batterie	bateria [batə**ri**a]
Bremse	travão [tra**wãu**]
Ersatzteil	peça sobressalente [**pe**ßa ßobrəßa**lẽn**tə]
Flickzeug	estojo para reparações [isch**to**~~sch~~u **pa**ra rəpara**ßõisch**]
Gangschaltung	mudança de velocidade [mu**dãn**ßa də wəlußi**da**də]
Glühlampe	lâmpada [**lãm**pada]
Handbremse	travão de mão [tra**wãu** də mãu]
Hupe	buzina [bu**si**na]
Katalysator	catalisador *(m)* [katalisa**dor**]
Keilriemen	correia [kur**räi**a]
Kindersitz	assento para criança [a**ßẽn**tu **pa**ra kri**ãn**ßa]
Kupplung	embraiagem *(f)* [ẽmbra**ja~~sch~~**ẽi]
Kurzschluss	curto-circuito [**kur**tu‿ßirku**i**tu]
Lenkung	direcção *(f)* [dirä**ßãu**]
Luftpumpe	bomba de ar [**bõm**ba də ar]
Motor	motor *(m)* [mu**tor**]
Reifen	pneu *(m)* [pneu]
Reparatur	reparação *(f)* [rəpara**ßãu**]
Reserverad	roda suplente [**ro**da ßu**plẽn**tə]
Rücklicht	luz *(f)* traseira [**lu**sch tra**säi**ra]
Scheibenwischer	limpa-pára-brisas *(m)* [**lĩm**pa‿**pa**ra‿**bri**sasch]
Scheinwerfer	farol *(m)* [fa**rol**]
Schlauch	câmara-de-ar [**ka**mara‿də‿ar]
Schraube	parafuso [para**fu**su]
Schraubenzieher	chave *(f)* de fenda [**scha**wə də **fẽn**da]
Sicherheitsgurt	cinto de segurança [**ßĩn**tu də ßəgu**rãn**ßa]
Sicherung	fusível *(m)* [fu**si**wäl]
Sturzhelm	capacete *(m)* [kapa**ße**tə]
Tank	depósito [də**po**situ]
Ventil	válvula [**wal**wula]
Verbandskasten	farmácia portátil [far**ma**ßia pur**ta**til]
Warndreieck	triângulo de sinalização [tri**ãn**gulu də ßinalisa**ßãu**]
Werkzeug	ferramenta [ferra**mẽn**ta]
Zündkerze	vela [**wä**la]

Sind Sie Zeuge des Unfalls?	É testemunha do acidente? [ä təschtə**mu**nja du aßi**dẽn**tə]
Vielen Dank für Ihre Hilfe.	Muito obrigado/-a pela sua ajuda. [**mũi**t‿ubri**ga**du/-a **pe**la **ß**ua a**~~seh~~u**da]

Werkstatt

Gibt es hier eine VW-Werkstatt?	Há uma oficina Volkswagen aqui? [a **u**ma ufi**ßi**na **wolks**wagen a**ki**]
Der Motor	**O motor** [u mu**tor**]
springt nicht an	não pega [nãu **pe**ga]
verliert Öl	perde óleo [**per**də **o**liu]
funktioniert nicht richtig.	não funciona bem. [nãu fũn**ßjo**na bẽi]
Die Bremsen sind nicht in Ordnung.	Os travões não funcionam. [usch tra**wõisch** nãu fũn**ßjo**nãu]
Die Kontrollampe leuchtet.	A lampadinha está ligada. [a lãmpa**di**nja isch**ta** li**ga**da]
Der Auspuff ist defekt.	O escape está avariado. [u isch**ka**pə isch**ta** awa**rja**du]
Der Kühler ist undicht.	O radiador deita água. [u radia**dor** **däi**ta **a**gua]
Was kostet die Reparatur?	Quanto custa a reparação? [**kwãn**tu **kusch**ta a rəpara**ßãu**]
Wann ist der Wagen fertig?	Quando está pronto o carro? [**kwãn**du isch**ta** **prõn**tu u **ka**rru]

Autostopp

Fahren Sie nach ...?	O senhor *(m)* / A senhora *(f)* vai para ...? [u ßə**njor**/a ßə**njo**ra wai **pa**ra]
Können Sie mich mitnehmen nach ...?	Pode levar-me para ...? [**po**də lə**war**‿mə **pa**ra]
Ich möchte hier aussteigen!	Queria sair aqui. [kə**ria** ßa**ir**‿a**ki**]
Danke und gute Fahrt!	Obrigado/-a e boa viajem! [ubri**ga**du/-a i **bo**a **wja**~~seh~~ẽi]

Städtische Verkehrsmittel

Bus, Straßenbahn, U-Bahn

Gibt es einen Bus nach ...?	Há um autocarro para ...? [a ũ autu**ka**rru **pa**ra]
Wie lange dauert die Fahrt?	Quanto tempo demora? [**kwãn**tu **tẽm**pu də**mo**ra]
Wo ist bitte die nächste	**Onde fica a próxima** [**õn**də **fi**ka a **pro**ßima]
Bushaltestelle	paragem do autocarro [pa**ra**~~seh~~ẽi du autu**ka**rru]
Straßenbahnhaltestelle	paragem do eléctrico [pa**ra**~~seh~~ẽi du i**lä**triku]
U-Bahnstation?	estação do metro? [ischta**ßãu** du **mä**tru]
Ist das weit?	Fica longe? [**fi**ka **lõn**~~seh~~ə]
Welche U-Bahn fährt nach ...?	Qual é o metro para ...? [kwal ä u **mä**tru **pa**ra]

Wann fährt der letzte Bus zurück?	Quando volta o último autocarro? [**kwãn**du **wol**ta u **ul**timu autu**ka**rru]
In welche Richtung muss ich fahren?	Em que direcção tenho de ir? [ẽi kə dirä**ßãu te**nju də ir]
Wieviele Haltestellen sind es?	Quantas paragens são? [**kwãn**tasch pa**ra**~~sch~~ẽisch ßãu]
Ist dies die U-Bahn nach …?	É o metro para …? [ä u **mä**tru **pa**ra]
Wo muss ich	**Onde tenho de** [õndə **te**nju də]
aussteigen	descer [dəsch**ßer**]
umsteigen	mudar [mu**dar**]
zum Bahnhof	para a estação [**pa**ra a ischta**ßãu**]
ins Zentrum?	para o centro? [**pa**ra u **ßẽn**tru]
Können Sie mir sagen, wann ich aussteigen muss?	Pode dizer-me onde tenho que descer? [**po**də di**ser**‿mə **õn**də **te**nju kə dəsch**ßer**]
Wo kann ich den Fahrschein kaufen?	Onde posso comprar o bilhete? [**õn**də **po**ßo kum**prar** u bi**lje**tə]
Einen Fahrschein nach …, bitte.	Um bilhete para …, faz favor. [ũ bi**lje**tə **pa**ra … fasch fa**wor**]
Wieviel kostet die Fahrkarte?	Quanto custa o bilhete? [**kwãn**tu **kusch**ta u bi**lje**tə]
Ich möchte hier aussteigen!	Queria descer aqui. [kə**ri**a dəsch**ßer**‿**aki**]

Taxi

Wo ist der nächste Taxistand?	Onde é a praça de táxis mais perta? [**õn**də ä a **pra**ßa də **ta**xi~~sch~~ maisch **pär**ta]
Zum Bahnhof!	Para a estação! [**pa**ra a ischta**ßãu**]
Zum Hotel!	Para o hotel! [**pa**ra u o**täl**]
Zum Flughafen!	Para o aeroporto! [**pa**ra u ääru**por**tu]
In die Innenstadt!	Para o centro! [**pa**ra u **ßẽn**tru]
Nach …, bitte!	Para …, faz favor! [**pa**ra … fasch fa**wor**]
Was kostet die Fahrt nach/zum/zur …?	Quanto custa para/para o/para a …? [**kwãn**tu **kusch**ta **pa**ra/**pa**ra u/**pa**ra a]
Schalten Sie bitte das Taxameter ein!	Pode ligar o taxímetro? [**po**də li**gar** u ta**xi**mətru]
Warten/Halten Sie hier bitte!	Pode esperar/parar aqui, faz favor? [**po**də ischpə**rar**/pa**rar**‿**aki** fasch fa**wor**]
Das ist für Sie!	É para si. [ä **pa**ra ßi]

Mit Bahn und Bus unterwegs

Wo ist der (Bus-)Bahnhof bitte?	Onde é a estação (rodoviária) por favor? [**õn**də ä a ischta**ßãu** (rodo**wja**ria) pur fa**wor**]
Wann fährt ein Zug/Bus nach …?	Quando parte um comboio/autocarro para …? [**kwãn**du **par**tə ũ kõm**bo**ju/autu**ka**rru **pa**ra]
Muss ich umsteigen?	Tenho de mudar? [**te**nju də mu**dar**]

In Lissabon unterwegs

In Lissabon sollten Sie auf keinen Fall versäumen, mit der charakteristischen Straßenbahn, einem **eléctrico** [i**lä**triku], die Gassen der Altstadt zu erkunden. Nostalgische Holzbänke und Messingbeschläge im Inneren der alten Wagen entschädigen Sie für eine nicht ganz bequeme, aber beeindruckende Fahrt – durch enge Kurven und steilste Gassen. Ein einmaliges Verkehrsmittel in Portugals Hauptstadt ist der im Büro von Gustav Eiffel konstruierte öffentliche Aufzug **Elevador de Santa Justa** [iləwa**dor** də **ßãn**ta **sehusch**ta], mit dem Sie den Höhenunterschied zwischen Unter- und Oberstadt bequem und originell bezwingen können. Erstaunliche Steigungen bewältigen außerdem die ebenfalls **elevadores** genannten Standseilbahnen.

Von welchem Bahnsteig fährt der Zug ab?	De que linha parte o comboio? [də kə **lin**ja **par**tə u kõm**bo**ju]
Wann kommt der Zug/ Bus in … an?	Quando chega o comboio/autocarro a …? [**kwãn**du **sche**ga u kõm**bo**ju/autu**ka**rru a]
Habe ich in … Anschluss nach …?	Em … tenho ligação para …? [ẽi … **te**nju liga**ßãu pa**ra]
Was kostet die Fahrkarte?	Quanto custa o bilhete? [**kwãn**tu **kusch**ta u bi**lje**tə]
Gibt es eine Ermäßigung für	**Há uma redução para** [a **u**ma rədu**ßãu pa**ra]
Kinder	crianças [kri**ãn**ßasch]
Senioren?	reformados? [rəfur**ma**dusch]
Bitte eine Karte/Karten	**Por favor, um bilhete/bilhetes** [pur fa**wor** ũ bi**lje**tə/bi**lje**təsch]
nach …	para … [**pa**ra]
einfach/hin und zurück	simples/de ida e volta [**ßĩm**pləsch/də **i**da i **wol**ta]
erster/zweiter Klasse	de primeira/segunda classe [də pri**mäi**ra/ßə**gũn**da **kla**ßə]
für 2 Erwachsene und 2 Kinder!	para dois adultos e duas crianças! [**pa**ra dois‿a**dul**tus‿i **du**asch kri**ãn**ßasch]
Bitte reservieren Sie	**Por favor, reserve-me** [pur fa**wor** rə**sär**wə‿mə]
einen (Fenster-)Platz	um lugar (à janela) [ũ lu**gar** (a sehanäla)]
(Nicht-)Raucher	(não-)fumadores [(nãu)‿fuma**do**rəsch]
einen Liegewagenplatz	um lugar em couchette [ũ lu**gar** ẽi ku**schä**ttə]
einen Schlafwagenplatz	um lugar em vagão-cama [ũ lu**gar** ẽi wa**gãu‿ka**ma]
für den Zug/Bus	para o comboio/autocarro [**pa**ra u kõm**bo**ju/autu**ka**rru]
um 14 Uhr!	às 14 horas! [asch ka**tor**sə‿**o**rasch]
Ich möchte	**Queria** [kə**ri**a]
mein Fahrrad mitnehmen	levar a bicicleta [lə**war** a bißi**klä**ta]
dieses Gepäck aufgeben.	despachar esta bagagem. [dəschpa**schar äsch**ta ba**ga**sehẽi]

Wo finde ich bitte – **Por favor, onde encontro** [pur fa**wor õn**də ẽn**kõn**tru]

die Gepäckaufbewahrung – o depósito de bagagens [u də**po**situ də ba**ga**~~sch~~ẽisch]

Schließfächer? – depósitos automáticos de bagagem? [də**po**situs‿autu**ma**tiku~~sch~~ də ba**ga**~~sch~~ẽi]

Ist das der Zug/der Bus nach ...? – Este é o comboio/o autocarro para ...? [**esch**tə ä u kõm**bo**ju/u autu**ka**rru **pa**ra]

Ist dieser Platz frei? – Este lugar está livre? [**esch**tə lu**gar** isch**ta li**wrə]

Entschuldigung, das ist mein Platz! – Desculpe, esse lugar é meu! [dəsch**kul**pə eßə lu**gar** ä meu]

Mit dem Flugzeug unterwegs

Ich möchte – **Queria** [kə**ri**a]

einen Flug buchen nach ... – reservar um voo para ... [rəsər**war** ũ **wo**u **pa**ra]

für 1 Person – para uma pessoa [**pa**ra **u**ma pə**ßo**a]

für zwei/vier Personen – para duas/quatro pessoas [**pa**ra **du**asch/**kwa**tru pə**ßo**asch]

am 2. September – o dia dois de Setembro [u **di**a doi~~sch~~ də ßə**tẽm**bru]

einfach/Hin- und Rückflug – simples/de ida e volta [**ßĩm**pləsch/də **i**da i **wol**ta]

Touristenklasse/1. Klasse – em classe turista/em primeira classe [ẽi **kla**ßə tu**risch**ta/ẽi pri**mäi**ra **kla**ßə]

den Flug rückbestätigen – reconfirmar o voo [rəkõnfir**mar** o **wo**u]

den Flug annullieren/umbuchen. – anular/transferir o voo. [anu**lar**/trãnschfə**rir** u **wo**u]

Sind noch Plätze frei – **Há lugares livres** [a lu**ga**rəsch **li**wrəsch]

am Fenster/am Gang – junto à janela/junto ao corredor [**~~sch~~ũn**tu a ~~sch~~a**nä**la/**~~sch~~ũn**tu au kurre**dor**]

für (Nicht-)Raucher? – para (não-)fumadores? [**pa**ra (nãu)‿fuma**do**rəsch]

* Lamento, mas o voo já está completo. [la**mẽn**tu mas‿u **wo**u ~~sch~~a isch**ta** kõm**plä**tu] – Der Flug ist leider ausgebucht.

Hinweisschilder

Agua não potável! Kein Trinkwasser!
Casa de banho Toilette
Chegada Ankunft
Couchette Liegewagen
Freio de emergência Notbremse
Gare Bahnsteig
Informações Auskunft
Lavabos Waschraum
livre frei
ocupado besetzt
Partida Abfahrt, Abflug
Saída Ausgang
Vagão-cama Schlafwagen
Vagão-restaurante Speisewagen
Via Gleis

Wieviel kostet der Flug?	Quanto custa o voo? [**kwãn**tu **kusch**ta u **wou**]
Gibt es Sondertarife/ Stand-by-Plätze?	Há tarifas especiais/lugares stand-by? [a ta**ri**fas‿ischpə**ßjaisch**/lu**ga**rəsch **ßtãn**də bai]
Wann muss ich am Flughafen sein?	A que horas tenho de estar no aeroporto? [a kə **o**rasch **te**nju də isch**tar** nu äaru**por**tu]
Wie hoch ist die Flughafengebühr?	Qual é a taxa do aeroporto? [kwal ä a **ta**scha du äaru**por**tu]
Mein Koffer/Meine Tasche	**A minha mala/A minha malinha** [a **mi**nja **ma**la/a **mi**nja ma**li**nja]
ist beschädigt	está estragada [isch**ta** ischtra**ga**da]
ist nicht da.	não está cá. [nãu isch**ta** ka]

Mit dem Schiff unterwegs

Wann fährt ein Schiff/ eine (Auto-)Fähre nach …?	Quando parte um navio/um ferryboat (de automóveis) para …? [**kwãn**du **par**tə ũ na**wi**u/ũ **fä**rribot (də autu**mo**wäisch) **pa**ra]
Wie lange dauert die Überfahrt?	Quanto tempo dura a travessia? [**kwãn**tu **tẽm**pu **du**ra a trawə**ßi**a]
Ich möchte	**Queria** [kə**ri**a]
eine Schiffskarte nach …	uma passagem para … [**u**ma pa**ßa**schẽi **pa**ra]
erster/zweiter Klasse	de primeira/segunda classe [də pri**mäi**ra/ßə**gũn**da **kla**ßə]
eine Einzel-/ Zweibettkabine	em camarote individual/para duas pessoas [ẽi kama**ro**tə ĩndiwidu**al**/**pa**ra **du**asch pə**ßo**asch]
eine Außen-/Innenkabine.	um camarote exterior/interior. [ũ kama**ro**tə äischtə**rjor**/ĩntə**rjor**]
Ich möchte mein Auto mitnehmen.	Queria levar o carro. [kə**ri**a lə**war** u **ka**rru]
Wann muss ich/müssen wir an Bord sein?	Quando tenho/temos de estar a bordo? [**kwãn**du **te**nju/**te**musch də isch**tar** a **bor**du]
Wann legen wir in … an?	A que horas chegamos a …? [a kə **o**rasch schə**ga**mus‿a]
Wie lange haben wir Aufenthalt?	Quanto tempo ficamos? [**kwãn**tu **tẽm**pu fi**ka**musch]
Ich suche	**Podia dizer-me onde é** [pu**di**a di**ser**‿mə **õn**də ä]
die Kabine Nummer …	o camarote número … [u kama**ro**te **nu**məru]
die Toilette	a casa de banho [a **ka**sa də **ban**ju]
das (Promenaden-)Deck	o convés (de passeio) [u kõn**wäsch** (də pa**ßäi**u)]
das Parkdeck	o convés dos automóveis [u kõn**wäsch** dus‿autu**mo**wäisch]
einen Steward.	o criado de bordo? [u kri**a**du də **bor**du]

Portugiesische Hotels vereinen nicht selten die Annehmlichkeit modernen Komforts und heimeligen Wohnens in alten Gebäuden

Unterkunft

Hotel und Privatzimmer

Gibt es hier — **Há por aquí** [a pur‿**aki**]
ein gutes Hotel — um bom hotel [ũ bõ o**täl**]
ein einfaches/zentral gelegenes Hotel — um hotel simples/central [ũ o**tel ßĩm**pləsch/ßẽn**tral**]
eine Pension — uma pensão [**u**ma pẽn**ßãu**]
in Strandnähe — perto da praia [**pär**tu da **pra**ja]
in ruhiger Lage? — num sítio sossegado? [nũ **ßi**tiu ßußə**ga**do]

Wo ist das Hotel/die Pension …? — Onde é o hotel/a pensão …? [**õn**də ä u o**täl**/a pẽn**ßãu**]

An der Rezeption

Ich habe ein Zimmer reserviert. — Reservei um quarto. [rəsər**wäi** ũ **kwar**tu]
Mein Name ist … — O meu nome é … [u meu **no**mə ä]

Haben Sie ein Zimmer frei — **Tem um quarto livre** [tẽi ũ **kwar**tu **li**wrə]
für eine Nacht — para uma noite [**pa**ra **u**ma **noi**tə]
für 1 Tag/für 3 Tage — para um dia/para três dias [**pa**ra ũ **di**a/**pa**ra tre~~seh~~ **di**asch]
für 1 Woche? — para uma semana? [**pa**ra **u**ma ßə**ma**na]

* Lamento, mas está tudo cheio. [la**mẽn**tu mas‿isch**ta** **tu**du **schäi**u] — Wir sind leider ausgebucht.
* A partir do … temos quartos vagos. [a par**tir** du … **tä**musch **kwar**tusch **wa**gusch] — Ab … wird etwas frei.

Ich möchte/Wir möchten	**Queria/Queríamos** [kəria/kəriamusch]
ein Zimmer mit Dusche	um quarto com chuveiro [ũ **kwar**tu kõ schu**wäi**ru]
ein Einzelzimmer	um quarto individual [ũ **kwar**tu ĩndiwidu**al**]
ein Doppelzimmer	um quartu duplo [ũ **kwar**tu **du**plu]
ein Zweibettzimmer	um quartu com duas camas [ũ **kwar**tu kõ **du**asch **ka**masch]
mit Bad und Toilette	com casa de banho [kõ **ka**sa də **ban**ju]
mit Balkon	com varanda [kõ wa**rãn**da]
zum Strand/zur Straße.	para a praia/para a rua. [**pa**ra a **pra**ja/**pa**ra a **ru**a]
Wieviel kostet das Zimmer	**Quanto custa o quarto** [**kwãn**tu **kusch**ta u **kwar**tu]
pro Person	por pessoa [pur pə**ßo**a]
pro Nacht	por noite [pur **noi**tə]
pro Woche	por semana [pur ßə**ma**na]
mit/ohne Frühstück	com/sem pequeno almoço [kõ/ßẽi pə**ke**nu al**mo**ßu]
mit Halbpension	com meia pensão [kõ **mäi**a pẽn**ßãu**]
mit Vollpension	com pensão completa [kõ pẽn**ßãu** kõm**plä**ta]
für Kinder?	para crianças? [**pa**ra kri**ãn**ßasch]
Ist das Zimmer mit Fernseher/ Telefon?	O quarto tem televisão/telefone? [u **kwar**tu tẽi tələwi**sãu**/tələ**fo**nə]
Ich möchte das Zimmer sehen.	Queria ver o quarto. [kə**ri**a wer u **kwar**tu]
Das Zimmer ist schön/ ist in Ordnung.	O quarto é bonito/é bom. [u **kwar**tu ä bu**ni**tu/ä bõ]
Das Zimmer gefällt mir nicht.	Não gosto do quarto. [nãu **gosch**tu du **kwar**tu]
Haben Sie ein anderes Zimmer?	Tem outro quarto? [tẽi **o**tru **kwar**tu]
Kann ich mit Scheck/ Kreditkarte bezahlen?	Posso pagar com cheque/cartão de crédito? [**po**ßu pa**gar** kõ **schä**kə/kar**tãu** də **krä**ditu]

Gut untergebracht

Die Palette der Unterkunftsmöglichkeiten für Portugal-Reisende ist groß. Sie können wählen zwischen einfachen **pensões** [pẽn**ßõisch**] *(Pensionen)*, **hotéis** [o**täisch**] *(Hotels)* oder **estalagens** [ischta**lasch**ẽisch], privaten Hotels der gehobenen Klasse.

Zu den komfortabelsten Unterkünften gehören in Portugal insbesondere die **pousadas** [po**sa**dasch], staatlich geführte Hotels, die meist in historischen Gebäuden in herrlicher Lage eingerichtet sind. Beim **turismo de habitação** [tu**risch**mu də abita**ßãu**] sind Sie zu Gast in einem stilvollen Herrenhaus und können portugiesische Lebensart erleben. Unterkünfte in typischen Landhäusern und Gütern werden unter **turismo rural** [tu**risch**mu ru**ral**] zusammengefasst. Sie sind direkt bei den Besitzern zu buchen.

Appartementanlagen, **apartamentos turísticos** [aparta**mẽn**tusch tu**risch**tikusch], finden sich vorwiegend entlang der Küsten, vor allem in der Algarve. Luxuriös ausgestattet sind auch meist die Bungalowanlagen, **urbanisações** [urbanisa**ßõisch**], die mit ihren vielfältigen Dienstleistungs- und Serviceangeboten Feriendorfcharakter haben.

Haben Sie	**Tem** [tẽi]
einen Parkplatz	um estacionamento [ũ ischtaßjuna**mẽn**tu]
eine (bewachte) Garage	uma garagem (vigiada) [**u**ma ga**ra**~~sch~~ẽi (wi**~~sch~~ja**da)]
einen Safe	um cofre-forte [ũ **ko**frə‿**for**tə]
ein Schwimmbad?	uma piscina?[**u**ma pisch**ßi**na]
Wo ist	**Onde é** [õndə ä]
der Frühstücksraum	a sala do pequeno almoço [a **ßa**la du pə**ke**nu al**mo**ßu]
der Speisesaal?	a sala de jantar? [a **ßa**la də ~~sch~~ãn**tar**]
Wann gibt es	**A que horas é** [a kə **o**ras‿ä]
Frühstück	o pequeno almoço [u pə**ke**nu al**mo**ßu]
Mittagessen	o almoço [u al**mo**ßu]
Abendessen?	o jantar? [u ~~sch~~ãn**tar**]

▶ **(Zu den Mahlzeiten siehe Essen und Trinken, S. 40)**

Könnten Sie mich morgen bitte um 7 Uhr wecken?	Podia-me despertar amanhã às sete horas? [pu**dia**‿mə dəschpər**tar** aman**jã** asch **ßä**tə **o**rasch]
Meinen Schlüssel, bitte!	A minha chave, se faz favor. [a **min**ja **scha**wə ßə fasch fa**wor**]
Zimmer Nummer 10 bitte!	Quarto número dez, se faz favor. [**kwar**tu **nu**meru däsch ßə fasch fa**wor**]
Kann ich hier	**Posso aqui** [**po**ßu a**ki**]
Geld tauschen	cambiar dinheiro [kãm**bjar** di**njäi**ru]
Eurocheques/ Travellerschecks einlösen	trocar eurocheques/cheques de viagem [tru**kar** euro**schä**kəsch/**schä**kəsch də **wja**~~sch~~ẽi]
telefonieren?	telefonar? [tələfu**nar**]
Kann ich von meinem Zimmer nach Deutschland telefonieren?	Posso telefonar do meu quarto para a Alemanha? [**po**ßu tələfu**nar** du meu **kwar**tu **pa**ra a alə**ma**nja]
Können Sie mich bitte mit der Nummer … verbinden?	Pode fazer uma ligação com o número …? [**po**də fa**ser u**ma liga**ßãu** kõ u **nu**meru]
Gibt es Post für mich?	Há correio para mim? [a ku**rräiu pa**ra mĩ]

Reklamationen

Das Zimmer ist schmutzig/ ist sehr laut.	O quarto é sujo/é muito barulhento. [u **kwar**tu ä **ßu**~~sch~~u/ä **mũi**tu baru**ljẽn**tu]
Wir haben kein (warmes) Wasser.	Não há água (quente). [nãu a **a**gua (**kẽn**tə)]
… funktioniert nicht.	**… não funciona.** [nãu fũn**ßjo**na)
Das Licht	A luz [a lusch]
Die Dusche	O chuveiro [u schu**wäi**ru]
Die Toilettenspülung	O autoclismo [u autu**kli~~sch~~**mu]
Die Heizung	O aquecimento [u akəßi**mẽn**tu]

Hotelreservierung per Fax

Hotel Golfinho Lagos FAX (00351) …	Hotel Golfinho Lagos FAX (00351) …
Sehr geehrte Damen und Herren,	Prezados Senhores,
ich möchte/wir möchten von 1. bis 15. August 1998 ein Zimmer für *1 Person/2 Personen* reservieren, wenn möglich mit Dusche und Balkon. Bitte teilen Sie *mir/uns* die Preise für *Einzelzimmer/Doppelzimmer* mit *Frühstück/Halbpension* mit und benachrichtigen Sie *mich/uns* umgehend über die erfolgte Buchung.	*queria/queriamos* reservar um quarto para *uma pessoa/duas pessoas* para o 1 até o 15 de agosto de 1998, se for possível com chuveiro e varanda. Por favor, *informe-me/informe-nos* sobre os preços para *quartos individuais/quartos duplos* com *pequeno almoço/meia-pensão* e *avise-me/avise-nos* imediatamente da reserva feita.
Mit freundlichen Grüßen	Atenciosamente

Es fehlt/Es fehlen	**Falta/Faltam** [**fal**ta/**fal**tãu]
Handtücher	toalhas [tu**a**ljasch]
Toilettenpapier.	papel higiénico. [pa**päl** i~~sch~~**jä**niku]
Wir brauchen (noch)	**(Ainda) Precisamos** [(a**ĩn**da) prəßi**sa**musch]
eine Decke	duma manta [**du**ma **mãn**ta]
ein Kopfkissen.	dum travesseiro. [dũ trawə**ßäi**ru]
Ich habe den Zimmerschlüssel verloren.	Perdi a chave do quarto. [pər**di** a **scha**wə du **kwar**tu]

Abreise

Ich reise/Wir reisen morgen/heute ab.	Vou partir/Vamos partir amanhã/hoje. [wo par**tir**/**wa**musch par**tir** ama**njã**/**o**~~sch~~ə]
Die Rechnung bitte.	A conta, por favor. [a **kõn**ta pur fa**wor**]
Können Sie bitte ein Taxi rufen?	Pode chamar um táxi, se faz favor? [podə scha**mar** ũ **ta**xi ßə fasch fa**wor**]
Es hat uns hier sehr gefallen.	Gostamos muito da estadia. [gusch**ta**mus **mũi**tu da ischta**di**a]

Ferienhaus und Ferienwohnung

Wir suchen	**Procuramos** [proku**ra**mus‿]
ein Ferienhaus/eine Ferienwohnung	uma casa de férias/um apartamento de férias [**u**ma **ka**sa də **fä**riasch/ũ aparta**mẽn**tu də **fä**riasch]
ein (ruhiges) Appartement	um apartamento (sossegado) [ũ aparta**mẽn**tu (ßußə**ga**du)]
für 2/4 Personen	para duas/quatro pessoas [**pa**ra **du**asch/**kwa**tru pə**ßo**asch]
für 6 Tage/2 Wochen.	para seis dias/duas semanas. [**pa**ra ßäi~~sch~~ **di**asch/**du**asch ßə**ma**nasch]

Wieviele Zimmer hat/ Was kostet	**Quantos quartos tem/Quanto custa** [**kwãn**tusch **kwar**tusch tẽi/**kwãn**tu **kusch**ta]
die Wohnung	o apartamento [o aparta**mẽn**tu]
das Haus?	a casa? [a **ka**sa]
Sind Nebenkosten zu bezahlen?	Temos de pagar gastos acessórios? [**te**musch də pa**gar** **gasch**tus‿aßə**ßo**riusch]
Sind Hunde erlaubt?	Podemos levar o cão? [pu**de**musch lə**war** u kãu]
Müssen wir die Reinigung übernehmen?	Temos de fazer nós a limpeza? [**te**mu~~sch~~ də fa**ser** nos‿a lĩm**pe**sa]
Wo kann man hier	**Onde se pode ... aqui?** [õndə ßə **po**də ... a**ki**]
einkaufen	fazer compras [fa**ser** **kõm**prasch]
telefonieren	telefonar [tələfu**nar**]
Wäsche waschen?	lavar roupa [la**war** **ro**pa]

Camping

Haben Sie Platz für	**Tem lugar para** [tẽi lu**gar** **pa**ra]
ein Zelt	uma tenda [**u**ma **tẽn**da]
einen Wohnwagen	uma caravana [**u**ma kara**wa**na]
ein Wohnmobil?	uma auto-vivenda? [**u**ma **au**tuwi**wẽn**da]
Was kostet der Platz	**Quanto custa** [**kwãn**tu **kusch**ta]
pro Person	por pessoa [pur pə**ßo**a]
für ein Auto	para um carro [**pa**ra ũ **ka**rru]
für ein Wohnmobil	para uma auto-vivenda [**pa**ra **u**ma **au**tu‿wi**wẽn**da]
für einen Wohnwagen	para uma roulote [**pa**ra **u**ma ru**lo**tə]
für ein Zelt?	para uma tenda? [**pa**ra **u**ma **tẽn**da]
Vermieten Sie auch	**Também aluga** [tam**bẽi** a**lu**ga]
Wohnwagen/Zelte	roulotes/tendas [ru**lo**tes/**tẽn**das]
Bungalows/Hütten?	bangalós/cabanas? [banga**losch**/ka**ba**nasch]
Wo sind die Duschen/ die Toiletten?	Onde são os chuveiros/as casas de banho? [**õn**də ßãu usch schu**wäi**rusch/asch **ka**sa~~sch~~ də **ban**ju]
Wir brauchen einen Stromanschluss.	Precisamos duma tomada de corrente. [prəßi**sa**musch **du**ma tu**ma**da də ku**rrẽn**tə]
Wo kann man Wasser nachfüllen?	Onde se pode abastecer-se de água? [**õn**də ßə **po**də abaschtə**ßer**‿ßə də **a**gua]
Wann wird nachts das Tor geschlossen?	Quando fecham as portas à noite? [**kwãn**du **fe**schãu asch **por**tas‿a **noi**tə]
Ist der Campingplatz nachts bewacht?	O parque de campismo está vigiado de noite? [u **par**kə də kam**pi~~sch~~**mu isch**ta** wi~~sch~~**ja**du də **noi**tə]
Gibt es auf dem Campingplatz	**No parque de campismo há** [nu **par**kə də kam**pi~~sch~~**mu a]
einen Supermarkt	um supermercado [ũ ßupərmər**ka**du]
Waschmaschinen	máquinas de lavar [**ma**kina~~sch~~ də la**war**]
einen Spielplatz?	um campo de jogos? [ũ **kãm**pu də **~~sch~~o**gusch]

NCIAL

Jugendherberge

Gibt es hier eine Jugendherberge?
Há por aqui uma pousada de juventude?
[a pur‿**aki** **u**ma po**sa**da də schuwẽn**tu**də]

Wieviel kostet eine Übernachtung
pro Person (mit Frühstück)?
Quanto custa uma dormida
[**kwãn**tu **kusch**ta **u**ma dur**mi**da]
por pessoa (com pequeno almoço)?
[pur pə**ßo**a (kõ pə**ke**nu al**mo**ßu)]

Wir haben ein Zimmer reserviert.
Reservámos um quarto.
[rəsər**wa**mus‿ũ **kwar**tu]

Haben Sie ein Familienzimmer?
Tem um quarto para familias?
[tẽi ũ **kwar**tu **pa**ra fa**mi**liasch]

Unterkunft

Adapter	adaptador *(m)* [adapta**dor**]
Appartement	apartamento [aparta**mẽn**tu]
Aschenbecher	cinzeiro [ßĩn**säi**ru]
Aufzug	elevador *(m)* [iləwa**dor**]
Badewanne	banheira [ban**jäi**ra]
Balkon	varanda [wa**rãn**da]
Bett	cama [**ka**ma]
Bettdecke	colcha [**kol**scha]
Bettwäsche	roupa de cama [**ro**pa də **ka**ma]
Dusche	chuveiro [schu**wäi**ru]
Endreinigung	limpeza final [lim**pe**sa fi**nal**]
Ermäßigung	redução *(f)* [rədu**ßãu**]
Familienzimmer	quarto de familia [**kwar**tu də fa**mi**lia]
Fernseher	televisão *(f)* [tələwi**sãu**]
Garage	garagem *(f)* [ga**ra**schẽi]
Gasflasche	botija de gás [bu**ti**scha də gasch]
Gepäck	bagagem *(f)* [ba**ga**schẽi]
Geschirr	louça [**lo**ßa]
Geschirrtuch	pano da louça [**pã**nu da **lo**ßa]
Handtuch	toalha [tu**a**lja]
Heizung	aquecimento [akəßi**mẽn**tu]
(Elektro-/Gas-)Herd	fogão (eléctrico/a gás) [fu**gãu** (i**lä**triku/a gasch)]
(Zelt-)Hering	estaca [isch**ta**ka]
Kaffeemaschine	máquina de café [**ma**kina də ka**fä**]
Kinderbett	cama de criança [**ka**ma də kri**ãn**ßa]
Kissen	travesseiro [trawə**ßäi**ro]
Kleiderbügel	cruzeta [kru**se**ta]
Klimaanlage	ar *(m)* condicionado [ar kondißju**na**du]
Kochtöpfe	panelas [pa**ne**lasch]
Küche	cozinha [ku**si**nja]

Ich bleibe/Wir bleiben 2 Tage/ 2 Wochen.	Vou ficar/Vamos ficar dois dias/duas semanas. [wo fi**kar**/**wa**musch fi**kar** doi~~sch~~ **di**asch/ **du**asch ßə**ma**nasch]
Ich brauche (keine) Bettwäsche.	(Não) Preciso de roupa de cama. [(nãu) prə**ßi**su də **ro**pa də **ka**ma]
Wann wird die Eingangstür abgeschlossen?	Quando se fecha a porta? [**kwãn**du ßə **fe**scha a **por**ta]
Ist es weit bis	**Fica longe** [**fi**ka **lõn**~~sch~~ə]
zum Strand	a praia [a **pra**ja]
zur Stadt	a cidade [a ßi**da**də]
zum Bahnhof?	a estação de comboios? [a ischta**ßãu** də kom**bo**jusch]

leihen/mieten	alugar [alu**gar**]
Leihgebühr	taxa de empréstimo [**ta**scha də ẽm**präsch**timu]
Licht	luz *(f)* [lusch]
Müll(eimer)	balde *(m)* do lixo [**bal**də du **li**schu]
Münzen	moedas [mu**ä**dasch]
Nebenkosten	gastos acessórios [**gasch**tusch‿aßə**ßo**riusch]
Parkplatz	estacionamento [ischtaßjuna**mẽn**tu]
Pension	pensão *(f)* [pẽn**ßãu**]
Rechnung	conta [**kõn**ta]
reinigen	limpar [lĩm**par**]
reparieren	reparar [rəpa**rar**]
Safe	cofre-forte *(m)* [**ko**frə‿**for**tə]
Schlafsack	saco de dormir [**ßa**ku də dur**mir**]
Schlüssel	chave *(f)* [**scha**wə]
Seife	sabonete *(m)* [ßabu**ne**tə]
Speisesaal	sala de jantar [**ßa**la də ~~sch~~ãn**tar**]
Sportplatz	campo de desportos [**kam**pu də dəsch**por**tusch]
Strom(anschluss)	(tomada de) corrente [(tu**ma**da də) ku**rrẽn**tə]
Telefon	telefone *(m)* [tələ**fo**nə]
Toilette	casa de banho [**ka**sa də **ban**ju]
Toilettenpapier	papel *(m)* higiénico [pa**päl** i~~sch~~**jä**niku]
Trinkwasser	água potável [agua pu**ta**wäl]
Ventilator	ventilador *(m)* [wẽntila**dor**]
Waschbecken	lavatório [lawa**to**riu]
waschen	lavar [la**war**]
Waschmaschine	máquina de lavar [**ma**kina də la**war**]
Wasser(verbrauch)	(consumo de) água [(kõn**ßu**mu də) **a**gua]
Wohnmobil	auto-vivenda [**au**tu‿wi**wẽn**da]
Wohnwagen	roulote [ru**lo**tə]
Zimmermädchen	criada do quarto [kriada du **kwar**tu]

Schon zur Jahrhundertwende entstanden manche der stimmungsvollen Cafés und Bars

Essen und Trinken

Wo gibt es hier
ein gutes Restaurant
ein nicht zu teures Restaurant
ein nettes/typisches Lokal
mit regionaler/internationaler Küche?

Onde há aqui [**õn**də a a**ki**]
um bom restaurante [ũ bõ rəschtau**rãn**tə]
um restaurante não muito caro [ũ rəschtau**rãn**tə nãu **mũi**tu **ka**ru]
uma tasca bonita/típica [**u**ma **tasch**ka bu**ni**ta/**ti**pika]
com cozinha regional/internacional? [kõ ku**si**nja rəschju**nal**/intərnaßju**nal**]

Ich möchte/Wir möchten
frühstücken
zu Mittag essen
zu Abend essen
eine Kleinigkeit essen
nur etwas trinken.

Queria/Queriamos [kə**ri**a/kə**ri**amusch]
tomar o pequeno almoço [tu**mar** u pə**ke**nu al**mo**ßu]
almoçar [almo**ßar**]
jantar [~~sch~~ãn**tar**]
comer qualquer coisa pouca [ku**mer** kwal**kär** **koi**sa **po**ka]
só beber qualquer coisa. [ßo bə**ber** kwal**kär** **koi**sa]

Ich möchte einen Tisch bestellen
für heute/für morgen Abend
um 19/20 Uhr
für 4/6 Personen
auf den Namen …

Queria reservar uma mesa [kə**ri**a rəsər**war** **u**ma **me**sa]
para hoje/para amanhã à noite [**pa**ra **o**~~sch~~ə/**pa**ra ama**njã** a **noi**tə]
às 19/20 horas [a~~sch~~ dəsa**no**wə/**wĩn**tə **o**rasch]
para 4/6 pessoas [**pa**ra **kwa**tru/ßäisch pə**ßo**asch]
em nome de … [ẽi **no**mə də]

Ich habe einen Tisch bestellt auf den Namen …

Reservei uma mesa em nome de … [rəsər**wäi** **u**ma **me**sa ẽi **no**mə də]

Einen Tisch für zwei/vier Personen bitte!
Uma mesa para duas/quatro pessoas, faz favor. [**u**ma **me**sa **pa**ra **du**asch/**kwa**tru pə**ßo**asch fasch fa**wor**]

Ist dieser Tisch/dieser Platz frei?
Esta mesa/Este lugar está livre? [**äsch**ta **me**sa/**esch**tə lu**gar** isch**ta li**wrə]

Haben Sie Kinderstühle?
Tem cadeiras altas para crianças? [tẽi ka**däi**ras‿**al**tasch **pa**ra kri**ãn**ßasch]

Wo sind die Toiletten bitte?
Onde é a casa de banho, se faz favor? [**õn**də ä a **ka**sa də **ba**nju ßə fasch fa**wor**]

Bestellen

Herr Ober!/Bedienung, bitte!
Se faz favor! [ßə fasch fa**wor**]

Die Speisekarte, bitte!
A ementa, faz favor! [a i**mẽn**ta fasch fa**wor**]

Die Getränkekarte, bitte!
A lista de bebidas, faz favor! [a **lisch**ta də be**bi**dasch fasch fa**wor**]

* Que deseja?/Que toma? [kə də**se**seha/kə **to**ma]
Was wünschen Sie?/Was nehmen Sie?

Was empfehlen Sie?
Que recomenda? [kə rəku**mẽn**da]

Ich möchte/Ich nehme
eine Suppe
das Tagesgericht
das hier
als Vorspeise/
als Nachspeise.

Queria/Tomo [kə**ri**a/**to**mu]
uma sopa [**u**ma **ßo**pa]
o prato do dia [u **pra**tu du **di**a]
isto [**isch**tu]
de entrada/de sobremesa.
[də ẽn**tra**da/də ßubrə**me**sa]

Was sind die für die Region typischen Gerichte?
Quais são os pratos típicos da região? [kwaisch ßãu usch **pra**tusch **ti**pikusch da rə**sehjãu**]

Ich möchte bitte Reis statt Pommes frites.
Queria arroz em vez de batatas fritas. [kə**ria** ar**ros**‿ẽi weseh də ba**ta**tasch **fri**tasch]

Bom proveito – Guten Appetit!

Das Frühstück, **o pequeno almoço** [u pə**ke**nu al**mo**ßu], das in Portugal oft nur aus Kaffee und einem gebutterten Toast, **uma torrada** [**u**ma tu**rra**da], besteht, bekommen Sie bis 10 Uhr. Das Mittagessen, **o almoço** [u al**mo**ßu], wird für mediterrane Verhältnisse früh, nämlich zwischen 12 und 14 Uhr eingenommen, in Restaurants bis 15 Uhr. Abendessen, **o jantar** [u sehãn**tar**], wird ab 19 bis etwa 22 Uhr serviert. Übrigens: **vinho** [**win**ju], Wein, gibt es in Portugal nicht nur in den Farben **tinto** [**tĩn**tu] *(rot)*, **branco** [**brãn**ku] *(weiß)* und **rosé** [ro**sä**], sondern auch grün. Der **vinho verde** [**win**ju **wer**də] ist ein junger Wein. Er schmeckt wunderbar erfrischend und enthält wenig Alkohol (5–6 %). In die ganze Welt exportiert wird der **vinho do Porto** [**win**ju du **por**tu], der Portwein. Man keltert ihn im Dourotal aus etwa 20 Rebsorten und verschiffte ihn früher in Booten nach Porto. Die Portweinkähne, sie heißen **rabelos** [ra**be**lusch], dienen heute nur mehr Reklamezwecken.

Kaffee und Kuchen

Insider bestellen ihren Espresso nicht mit **um café** [ũ ka**fä**], sondern mit **uma bica, faz favor** [**u**ma **bi**ka fasch fa**wor**]. Der Espresso mit einem Schuss Milch wird **um garoto** [ũ ga**ro**tu], wörtlich „Straßenjunge", genannt, die größere Tasse Milchkaffee **café com leite** [ka**fä** kõ **läi**tə], während für **um galão** [ũ ga**lãu**] ein Tässchen starker Kaffee mit viel Milch in einem Glas aufgegossen wird. Viele Süßspeisen verführen mit himmlischen Namen. Sie können wählen zwischen **toucinhos do céu** [toß**i**njusch du ßäu] *(Himmelsspeckchen)*, **papos de anjo** [**pa**pusch də **ân**sehu] *(Engelsbäckchen)* oder **barrigas de freira** [bar**ri**gasch də **fräi**ra] *(Nonnenbäuche)*. Dass in den Klöstern Speise und Trank nicht zu kurz kamen, kann man heute noch in der beeindruckenden Klosterküche von Alcobaça in Mittelportugal nachempfinden. Dort haben die Erbauer sogar einen Bach mitten durch die Küche geleitet, damit die Mönche jederzeit mit frischem Fisch versorgt waren.

Für den Jungen/das Mädchen — **Para o menino/a menina** [**pa**ra u mə**ni**nu/a mə**ni**na]
- eine kleine Portion — um prato pequeno [ũ **pra**tu pə**ke**nu]
- einen Extrateller — um prato suplementar [ũ **pra**tu ßupləmẽn**tar**]
- ein Extrabesteck, bitte. — um talher suplementar, faz favor. [ũ ta**ljär** ßupləmẽn**tar** fasch fa**wor**]

Gibt es ein vegetarisches Gericht? — Há um prato vegetariano? [a ũ **pra**tu wəsehəta**rja**nu]

Ist dieses Gericht (sehr) scharf/süß/fett? — Este prato é (muito) picante/doce/gorduroso? [**esch**tə **pra**tu ä (**mũi**tu) pi**kãn**tə/**do**ßə/gordu**ro**su]

* E para beber? [i **pa**ra be**ber**] — Und zum Trinken?

Für mich/Für die Dame/Für den Herrn — **Para mim/Para a senhora/Para o senhor** [**pa**ra mĩ/**pa**ra a ßə**njo**ra/**pa**ra u ßə**njor**]
- ein Bier — uma cerveja [**u**ma ßər**we**seha]
- ein Mineralwasser. — uma água mineral. [**u**ma **a**gua minə**ral**]

Zu trinken möchte ich/möchten wir — **Para beber queria/queriamos** [**pa**ra be**ber** kə**ri**a/kə**ri**amusch]
- ein Glas — um copo [ũ **ko**pu]
- eine Flasche — uma garrafa [**u**ma gar**ra**fa]
- ein Viertel — um quarto [ũ **kwar**tu]
- einen halben Liter/einen Liter — meio litro/um litro [**mäi**u **li**tru/ũ **li**tru]
  - Rotwein/Weißwein, bitte. — de vinho tinto/vinho branco, faz favor. [də **win**ju **tĩn**tu/**win**ju **brãn**ku fasch fa**wor**]

Wir nehmen den Hauswein/einen Tischwein. — Tomamos o vinho da casa/um vinho de mesa. [tu**ma**mus‿u **win**ju da **ka**sa/ũ **win**ju də **me**sa]

* Queria mais alguma coisa? [kə**ri**a mais‿al**gu**ma **koi**sa] — Möchten Sie noch etwas?

Nein danke, das ist alles. — Não obrigado/-a, é tudo. [nãu ubri**ga**do/-a ä **tu**du]

Können Sie mir noch … bringen?	**Pode trazer-me** [podə traser‿mə]
etwas Brot	um pouco mais de pão [ũ poku maiseh də pãu]
ein Bier	mais uma cerveja? [mais‿uma ßərweseha]
Guten Appetit!	Bom apetite/proveito! [bõ apətitə/pruwäitu]
Auf Ihr Wohl!	À sua saúde! [a ßua ßaudə]
Darf ich rauchen?	Posso fumar? [poßu fumar]

Reklamieren

Das habe ich nicht bestellt!	Eu não pedi isto! [eu nãu pədi ischtu]
Haben Sie … vergessen?	**Esqueceu-se** [ischkəßeu‿ßə]
mein Essen	do meu prato [du meu pratu]
mein Getränk	da minha bebida? [da minja bəbida]
Es fehlt noch	**Falta ainda** [falta aĩnda]
ein Besteck	um talher [ũ taljär]
ein Messer	uma faca [uma faka]
eine Gabel	um garfo [ũ garfu]
ein (kleiner) Löffel	uma colher (pequena) [uma kuljär (pəkena)]
ein Teller	um prato [ũ pratu]
ein Glas	um copo [ũ kopu]
der Aschenbecher.	o cinzeiro. [u ßĩnsäiru]
Bringen Sie uns bitte noch	**Traga-nos ainda** [traga‿nus‿aĩnda]
Essig und Öl	azeite e vinagre [asäitə i winagrə]
Salz und Pfeffer	sal e pimenta [ßal i pimẽnta]
Servietten	guardanapos [guardanapusch]
Zahnstocher!	uns palitos. [ũnsch palitusch]
Es tut mir leid, aber	**Lamento, mas** [lamẽntu mas‿]
die Suppe/das Essen ist kalt	a sopa/a comida está fria [a ßopa/a kumida ischta fria]
das Fleisch ist zäh/ist nicht durch.	a carne é dura/não está bem passada. [a karnə ä dura/nãu ischta bẽi paßada]
Ich glaube, die Rechnung stimmt nicht.	Acho que a conta não está certa. [ascho kə a kõnta nãu ischta ßärta]
Was ist das?	O que é isto? [u kə ä ischtu]
Das habe ich nicht gehabt!	Isto não veio. [ischtu nãu wäiu]

Bezahlen

Zahlen!/Die Rechnung bitte!	A conta, faz favor! [a kõnta fasch fawor]
Ich zahle alles zusammen.	Pago tudo junto. [pagu tudu sehũntu]
Wir zahlen getrennt.	Contas separadas, faz favor. [kõntasch ßəparadas fasch fawor]
Ich möchte eine Quittung, bitte.	Queria uma factura, faz favor. [kəria uma fatura fasch fawor]
* Estava bom? [ischtawa bõ]	Hat es Ihnen geschmeckt?

Die Speisekarte

Pequeno almoço	**Frühstück**
bica [**bi**ka]	Espresso
café *(m)* [ka**fä**]	Kaffee
com leite *(m)* [kõ **läi**tə]	mit Milch
com azúcar *(m)* [kõ a**ßu**kar]	mit Zucker
com sacarina [kõ ßaka**ri**na]	mit Süßstoff
sem cafeína [ßẽi kafä**i**na]	koffeinfrei
carnes frias *(f)* [**kar**nəsch **fri**asch]	Wurst (Aufschnitt)
chá *(m)* (com limão) [scha (kõ li**mãu**)]	Tee (mit Zitrone)
chocolate *(m)* quente [schuku**la**tə **kẽn**tə]	heiße Schokolade
croissant *(m)* [kroa**ßã**]	Croissant
doce *(m)* [**do**ßə]	Marmelade
fiambre *(m)* [fi**ãm**brə]	gekochter Schinken
galão [ga**lãu**]	großer Milchkaffee im Glas
garoto [ga**ro**tu]	kleiner Milchkaffee
iogurte *(m)* [jo**gur**tə]	Joghurt
natural/de frutas [natu**ral**/də **fru**tasch]	weiß/mit Früchten
leite *(m)* (quente/frio) [**läi**tə (**kẽn**tə/**fri**u)]	(warme/kalte) Milch
manteiga [man**täi**ga]	Butter
margarina [marga**ri**na]	Margarine
mel *(m)* [mäl]	Honig
muesli *(m)* [**muß**li]	Müsli
omeleta [omə**lä**ta]	Omelett
ovo cozido [**o**wu ku**si**du]	weiches Ei
ovo estrelado [**o**wu ischtrə**la**du]	Spiegelei
ovos mexidos [**o**wusch mə**schi**dusch]	Rühreier
com fiambre *(m)* [kõ fi**ãm**brə]	mit Schinken
pão [pãu]	Brot
pão integral [pãu ĩntə**gral**]	Vollkornbrot
pãozinho [pãu**si**nju]	Brötchen
presunto [prə**sũn**tu]	roher Schinken
queijo [**käi**sehu]	Käse
salsicha [ßal**ßi**scha]	Würstchen
sumo de laranja [**ßu**mu də la**rãn**seha]	Orangensaft

Pequenas refeições	**Kleine Gerichte**
batatas fritas [ba**ta**tasch **fri**tasch]	Pommes frites
com catch-up *(m)* [kõ kät**schap**]	mit Ketchup
com maionese *(f)* [kõ maju**nä**sə]	mit Mayonnaise
cachorro quente [ka**schor**ru **kẽn**tə]	Hotdog
omeleta [omə**lä**ta]	Omelett
prego [**prä**gu]	Hamburger
sandes *(f)* [**ßãn**dəsch]	Sandwich
de chourico [də schori**ß**u]	mit (Paprika-)Wurst
de fiambre *(m)* [də fi**ãm**brə]	mit gekochtem Schinken
de presunto [də prə**sũn**tu]	mit rohem Schinken
de queijo/salsicha [də **käi**sehu/sal**ß**ischa]	mit Käse/Wurst
tosta mista [**tosch**ta **misch**ta]	Toast mit Schinken und Käse

Acepipes	**Vorspeisen / Häppchen**
almôndegas [al**mõn**dəgasch]	Fleischbällchen
amêijoas [a**mäischo**asch]	Herzmuscheln
anchovas [ãn**scho**wasch]	Sardellen
azeitonas [asäi**to**nasch]	Oliven
verdes/pretas [**wer**dəsch/**pre**tasch]	grüne/schwarze
bolos de bacalhau [**bo**lusch də baka**ljau**]	Stockfischbällchen
chouriço [scho**ri**ßu]	Paprikawurst
rissóis *(m)* de camarão [ri**ßoisch** də kama**rãu**]	Krabbenpastetchen
Sopas	**Suppen**
açorda [a**ßor**da]	Brot-/Knoblauchsuppe
caldo verde [**kal**du **wer**də]	Kohlsuppe mit Kartoffeln
canja [**kãnscha**]	Hühnersuppe
gaspacho [gasch**pa**schu]	kalte Gemüsesuppe
sopa de agriões [**ßo**pa də agri**õisch**]	Brunnenkressesuppe
sopa de camarão [**ßo**pa də kama**rãu**]	Krabbensuppe
sopa de castanhas [**ßo**pa də kasch**ta**njasch]	Maronensuppe
sopa de legumes [**ßo**pa də lə**gu**məsch]	Gemüsesuppe
sopa de peixe [**ßo**pa də **päi**schə]	Fischsuppe
Peixe e Mariscos	**Fische und Meeresfrüchte**
amêijoas [a**mäischo**asch)	Herzmuscheln
atum *(m)* em bifes [a**tũ** ẽi **bi**fəsch]	Thunfischschnitten
bacalhau *(m)* [baka**ljau**]	Stockfisch
à brás [a brasch]	in der Pfanne gebraten, mit Kartoffeln und Ei
assado no forno [a**ßa**du nu **for**nu]	im Ofen gebacken
cozido [ku**si**du]	gekocht
caldeirada [kaldäi**ra**da]	Fischeintopf
camarões *(m)* [kama**rõisch**]	Krabben
cataplana [kata**pla**na]	Pfannengericht aus Meeresfrüchten, Fisch (oder Fleisch) und Gemüse
choco [**scho**ku]	Tintenfisch (groß)
dourada [do**ra**da]	Zahnbrasse
gambas [**gãm**basch]	Garnelen
lagosta [la**gosch**ta]	Languste
lagostins *(m)* [laguscht**ĩnsch**]	Scampi
lavagante *(m)* [lawa**gãn**tə]	Hummer
linguado grelhado [lin**gwa**du gre**lja**du]	gegrillte Seezunge
lulas [**lu**lasch]	Tintenfische (klein)
com piri-piri [kõ **piri**‿**piri**]	in scharfer Soße
mexilhões *(m)* [məschi**ljõisch**]	Miesmuscheln
ostras recheadas [**osch**trasch rə**schja**dasch]	gefüllte Austern
pescada [pəsch**ka**da]	Seehecht
polvo [**pol**wu]	Krake, Polyp
salmão [ßal**mãu**]	Lachs
sardinhas assadas [ßar**di**njas‿a**ßa**dasch]	Sardinen vom Holzkohlengrill
truta [**tru**ta]	Forelle

Carnes	**Fleisch(gerichte)**
bife *(m)* [**bif**ə]	Steak
bem passado [bẽi pa**ß**adu]	gut durchgebraten
mal passado [mal pa**ß**adu]	englisch
normal [nur**mal**]	medium
bife *(m)* à cavalo [**bif**ə a ka**wa**lu]	Beefsteak mit Ei und Pommes frites
borrego assado [bu**rre**gu a**ß**adu]	Lammbraten
cabrito assado [ka**bri**tu a**ß**adu]	gebratenes Zicklein
carne *(f)* de porco à alentejana [**kar**nə də **por**ku a alẽntə**scha**na]	Schweinefleischgericht mit Muscheln
carne *(f)* de vaca [**kar**nə də **wa**ka]	Rindfleisch
carne *(f)* picada [**kar**nə pi**ka**da]	Hackfleisch
carneiro [kar**näi**ru]	Lamm, Hammel
chanfana [schãn**fa**na]	geschmortes Lamm- oder Ziegenfleisch
coelho [ku**e**lju]	Kaninchen
costeletas de porco [kuschtə**le**tasch də **por**ku]	Schweinekoteletts
cozido à portuguesa [ku**si**du a purtu**ge**sa]	Eintopf aus Fleisch, Speck (manchmal auch Fisch), Kartoffeln und Kohl
dobrada [du**bra**da]	Kutteleintopf
escalope *(m)* de vitela [ischka**lo**pə də wi**te**la]	Kalbsschnitzel
espetada mista [ischpə**ta**da **misch**ta]	gemischter Fleischspieß
febras de porco [**fä**brasch də **por**ku]	gebratenes mageres Schweinefleisch
feijoada [fäischu**a**da]	Bohneneintopf
fígado grelhado [**fi**gadu grə**lja**du]	gegrillte Leber
iscas à lisboeta [**isch**kas‿a lischbo**e**ta]	Leberschnitten mit Knoblauch
leitão assado [läi**tãu** a**ß**adu]	Spanferkel
língua estufada [**lĩn**gwa ischtu**fa**da]	geschmorte Rinderzunge
lombo de porco [**lõm**bu də **por**ku]	Schweinelende
tripas à moda do Porto [**tri**pas‿a **mo**da du **por**tu]	Kutteln mit weißen Bohnen
vitela assada [wi**te**la a**ß**ada]	Kalbsbraten
Aves	**Geflügel**
faisãu *(m)* [fai**sãu**]	Fasan
frango assado [**frãn**gu a**ß**adu]	Brathähnchen
frango no churrasco [**frãn**gu nu schu**rrasch**ku]	Hähnchen, auf Holzkohle gegrillt
pato [**pa**tu]	Ente
perdiz *(f)* [pər**disch**]	Rebhuhn
peru *(m)* [pə**ru**]	Truthahn
pombos estufados [**põm**bus‿ischtu**fa**dusch]	geschmorte Tauben
Acompanhamentos	**Beilagen**
açorda de alho à portuguesa [a**ßor**da de alju **a** purtu**ge**sa]	Brotbrei mit Knoblauch in Olivenöl
arroz *(m)* [a**rrosch**]	Reis

arroz *(m)* de tomate [a**rrosch** də tu**ma**tə]	Tomatenreis
batatas [ba**ta**tasch]	Kartoffeln
assadas [a**ßa**dasch]	gebacken
cozidas [ku**si**dasch]	gekocht
fritas [**fri**tasch]	Pommes frites
croquetes *(f)* [kru**ke**təsch]	Kroketten
macarrões *(m)* [maka**rrõisch**]	Makkaroni/Nudeln
pão [pãu]	Brot
pãozinho [pãu**si**nju]	Brötchen
puré *(m)* de batatas [pu**rä** də ba**ta**tasch]	Kartoffelpüree

Salada e legumes — **Salat und Gemüse**

abóbora guisada [a**bo**bura gi**sa**da]	Kürbisgemüse
acelgas [a**ßäl**gasch]	Mangold
alcachofras [alka**scho**frasch]	Artischocken
beringela [bərĩn**~~sch~~ä**la]	Aubergine
cebolada [ßəbu**la**da]	Zwiebelgemüse
cenoura [ßə**no**ra]	Karotte
cogumelos [kugu**mä**lusch]	Pilze
couve *(f)* portuguesa [**ko**wə purtu**ge**sa]	Kohl
couve-flor *(f)* [**ko**wə‿flor]	Blumenkohl
ervilhas [ir**wi**ljasch]	Erbsen
espinafres *(m)* [ischpi**na**frəsch]	Spinat
favas guisadas [**fa**wasch gi**sa**dasch]	Eintopf mit weißen Bohnen (Saubohnen) und Speck
feijão verde [fäi**~~sch~~ãu wer**də]	grüne Bohnen
grão de bico [grãu də **bi**ku]	Kichererbsen
peixinhos da horta [päi**schi**njusch da **or**ta]	grüne Bohnen im Teigmantel
pepino [pə**pi**nu]	Gurke
puré *(m)* de castanhas [pu**rä** də kasch**ta**njasch]	Kastanienpüree
salada [ßa**la**da]	Salat
de alface [də al**fa**ßə]	Kopf-
de tomates [də tu**ma**təsch]	Tomaten-
mista [**misch**ta]	gemischter

Queijos — **Käse**

queijo da Serra [**käi~~sch~~u** da **ßä**rra]	Bergkäse aus Schafsmilch
queijo de cabra [**käi~~sch~~u** də **ka**bra]	Ziegenkäse
queijo flamengo [**käi~~sch~~u** fla**mẽn**gu]	holländischer Käse (Edamer)
queijo fresco [**käi~~sch~~u** **fresch**ku]	Frischkäse

Sobremesas — **Desserts/Süßspeisen**

arroz *(m)* doce [a**rro~~sch~~ do**ßə]	Milchreis
gelado [~~sch~~ə**la**du]	Eis
de baunilha [də bau**ni**lja]	Vanille-
de chocolate [də schuku**la**tə]	Schokoladen-
de morango [də mu**rãn**gu]	Erdbeer-
misto [**misch**tu]	gemischtes
leite creme *(m)* [**läi**tə **krä**mə]	Eiercreme
manjar branco *(m)* [mãn**~~sch~~ar brãn**ku]	Cremespeise aus Mandeln, Milch, Mehl und Zucker

mousse *(m)* de chocolate [**mu**ßə də schuku**la**tə]	Schokoladen-Mousse
pão de ló [pãu də lo]	feiner Biskuitkuchen
pudim *(m)* de laranja [pu**dĩ** də la**rãn**~~sch~~a]	Orangenpudding
pudim *(m)* flan [pu**dĩ** flã]	Karamellpudding
pudim *(m)* Molotof [pu**dĩ** molo**tof**]	Eischneepudding
sonho [**ßõ**nju]	Windbeutel
suspiro [ßusch**pi**ru]	Baiser
torta de amêndoa [**tor**ta də a**mẽn**dua]	Mandelkuchen
Frutas	**Obst**
cereja [ßə**re**~~sch~~a]	Kirsche
figo [**fi**gu]	Feige
laranja [la**rãn**~~sch~~a]	Orange
maçã [ma**ßã**]	Apfel
noz [nosch]	Walnuss
pêssego [**pe**ßəgu]	Pfirsich
uvas [**u**wasch]	Weintrauben

▶ **(Obst und Gemüse siehe auch S. 62.)**

Die Getränkekarte

Bebidas alcoólicas	**Alkoholische Getränke**
aguardente *(m)* [aguar**dẽn**tə]	Schnaps
aperitivo [apəri**ti**wu]	Aperitiv
bagaço [ba**ga**ßu]	Tresterschnaps
cerveja [ßər**we**~~sch~~a]	Bier
champanhe *(m)* [schãm**pa**njə]	Champagner, Sekt
conhaque *(m)* [ku**nja**kə]	Weinbrand
licor *(m)* de ginja [li**kor** də **~~sch~~ĩn**~~sch~~a]	Sauerkirschlikör
medronho [mə**dro**nju]	Schnaps aus Baumerdbeeren
vinho [**wi**nju]	Wein
branco [**brãn**ku]	Weißwein
da casa [da **ka**sa]	Hauswein
da Madeira [da ma**däi**ra]	Madeira (Dessertwein)
de mesa [də **me**sa]	Tischwein
do Porto [du **por**tu]	Portwein
doce [**do**ßə]	süß
rosé [ro**sä**]	Rosé
seco/meio-seco [**ße**ku/**mäi**u **ße**ku]	trocken/halbtrocken
tinto [**tĩn**tu]	Rotwein
verde [**wer**də]	leichter junger Wein
Refrigerantes	**Erfrischungsgetränke**
água mineral [**a**gua minə**ral**]	Mineralwasser
com/sem gás [kõ/ßẽi gasch]	mit/ohne Kohlensäure
laranjada [larãn**~~sch~~a**da]	Orangenlimonade
limonada [limu**na**da]	Zitronenlimonade
sumo [**ßu**mu]	Saft
de laranja [də la**rãn**~~sch~~a]	Orangensaft
de maçã [də ma**ßã**]	Apfelsaft

Lissabons Baixa: ein wunderschönes Altstadtviertel zum Flanieren und Einkaufen

Besichtigung

Touristeninformation

Gibt es hier	**Há por aquí** [a pur‿**a**ki]
ein Fremdenverkehrsamt	uma delegação de turismo [**u**ma dələga**ßãu** də tu**ri~~sch~~**mu]
eine Informationsstelle	um posto de informação [ũ **po**schtu də ĩnfurma**ßãu**]
organisierte Führungen	visitas guiadas [wi**si**tasch gi**a**dasch]
Stadtrundfahrten?	giros pela cidade? [**~~sch~~i**rusch **pe**la ßi**da**də]
Haben Sie	**Tem** [tẽi]
einen Stadtplan	uma planta da cidade [**u**ma **plãn**ta da ßi**da**də]
eine Karte der Innenstadt/ der Umgebung	um mapa do centro/dos arredores [ũ **ma**pa du **ßẽn**tru/dus‿arrə**do**rəsch]
einen U-Bahnplan	um mapa do metro [ũ **ma**pa du **mä**tru]
Prospektmaterial	prospectos [pru**schpä**tusch]
ein Hotelverzeichnis	uma lista de hotéis [**u**ma **lisch**ta də o**täisch**]
ein Restaurantverzeichnis	uma lista de restaurantes [**u**ma **lisch**ta də rəschtau**rãn**təsch]
einen Veranstaltungs-kalender	um programa dos espectáculos [ũ pru**gra**ma dus‿ischpä**ta**kulusch]
für diese Woche/ für die Festwoche(n)?	para esta semana/para o festival? [**pa**ra **äsch**ta ßə**ma**na/**pa**ra u fəschti**wal**]
Können Sie für mich ein Zimmer reservieren?	Podia-me reservar um quarto? [pu**di**a‿mə rəsər**war** ũ **kwar**tu]
Welche Sehenswürdigkeiten gibt es hier?	Que coisas interessantes há para ver aqui? [kə **koi**sas‿intərə**ßãn**təs‿a **pa**ra wer‿**a**ki]

Besichtigung

Altstadt	centro histórico [ß**ẽn**tru ischt**o**riku]
antik	antigo [ãn**ti**gu]
Aquädukt	aqueduto [akwə**du**tu]
Architektur	arquitectura [arkitä**tu**ra]
Ausgrabungen	excavações *(f)* [äischkawa**ßõisch**]
Aussicht	vista [**wisch**ta]
Aussichtspunkt	miradouro [mira**do**ru]
barock	barroco [ba**rro**ku]
Basilika	basílica [ba**si**lika]
Berg	montanha [mõn**ta**nja]
Bibliothek	biblioteca [bibliu**tä**ka]
Bild	cuadro [**kwa**dru]
Botanischer Garten	jardim *(m)* botánico [seha**rdĩ** bu**ta**niku]
Brücke	ponte *(f)* [**põn**tə]
Brunnen	fonte *(f)* [**fõn**tə]
Burg	castelo [kasch**tä**lu]
christlich	cristão/cristã [krisch**tãu**/krisch**tã**]
Dach	tecto [**tä**tu]
Denkmal	monumento [munu**mẽn**tu]; padrão [pa**drãu**]
Epoche	época [**ä**puka]
Fassade	fachada [fa**scha**da]
Festung	fortaleza [furta**le**sa]
Fremdenführer(in)	guia [**gi**a]
Friedhof	cemitério [ßəmi**tä**riu]
Garten	jardim *(m)* [seha**rdĩ**]
Gasse	travessa [tra**wä**ßa]
Gebäude	edifício [idi**fi**ßiu]
Glas	vidro [**wi**dru]
gotisch	gótico [**go**tiku]
Grab(mal)	túmulo [**tu**mulu]
Grotte, Höhle	gruta [**gru**ta]
Hafen	porto [**por**tu]
Haff, Lagune	ria [**ri**a]
Hof	pátio [**pa**tiu]
Inschrift	inscrição [ĩnschkri**ßãu**]
Insel	ilha [**i**lja]
Jahrhundert	século [**ßä**kulu]
Kachel, Fliese	azulejo [asu**le**sehu]
Kapelle	capela [ka**pä**la]
Kathedrale	catedral *(f)* [katə**dral**]; sé *(f)* [sä]
Keramik	cerâmica [ßə**ra**mika]
Kloster	mosteiro [musch**täi**ru]; convento [kõn**wẽn**tu]
König	rei *(m)* [räi]
Königin	rainha [ra**i**nja]

Kreuz	cruz *(f)* [krusch]
Kreuzgang	claustro [**klau**schtru]
Künstler(in)	artista [ar**tisch**ta]
Kunst	arte *(f)* [**ar**tə]
Kunstgewerbe	artesanato [artəsa**na**tu]
Landgut	quinta [**kĩn**ta]
Landschaft	paisagem *(f)* [pai**sa~~sch~~**ẽi]
Malerei	pintura [pĩn**tu**ra]
Maler(in)	pintor(a) [pĩn**tor**(a)]
manuelinisch	manuelino [manuä**li**nu]
Markt	mercado [mər**ka**du]
mittelalterlich	medieval [mədiə**wal**]
Moschee	mesquita [məsch**ki**ta]
Nationalpark	parque *(m)* nacional [**par**kə naßju**nal**]
Naturschutzgebiet	reserva natural [rə**ser**wa natu**ral**]
Original	original *(m)* [uri~~sch~~i**nal**]
Palast	paço [**pa**ßu]; palácio [pa**la**ßiu]
Park	parque *(m)* [**par**kə]
Platz	praça [**pra**ßa]
prähistorisch	pré-histórico [prä‿isch**to**riku]
Prangersäule	pelourinho [pəlo**ri**nju]
Rathaus	Câmara Municipal [**ka**mara munißi**pal**]
Renaissance	Renascença [rənasch**ßẽn**ßa]
romanisch	românico [ru**mã**niku]
Ruine	ruína [ru**i**na]
Sarkophag	sarcófago [ßar**ko**fagu]
Schlucht	garganta [gar**gãn**ta]
See	lago [**la**gu]
Skulptur	escultura [ischkul**tu**ra]
Stadtmauer	muralha da cidade [mu**ra**lja da ßi**da**də]
Statue	estátua [isch**ta**tua]
Stierkampfarena	praça de touros [**pra**ßa də **to**rusch]
Stil	estilo [isch**ti**lu]
Synagoge	sinagoga [ßina**go**ga]
Tal	vale *(m)* [**wa**lə]
Tangboot	moliceiro [muli**ßäi**ru]
Theater	teatro [**tja**tru]
Tor	porta [**por**ta]
Torbogen	arco [**ar**ku]
Turm	torre *(f)* [**to**rrə]
Wald	floresta [flu**räsch**ta]
Wallfahrtskirche	santuário [ßãntu**a**riu]
Weinberg	vinha [**wi**nja]
Windmühle	moinho de vento [mu**i**nju də **wẽn**tu]
Zoo	jardim *(m)* zoológico [~~sch~~ar**dĩ** suolo~~sch~~iku]

Sehenswertes

Ich möchte/Wir möchten … besichtigen.	**Queria/Queriamos visitar** [kəria/kəriamu~~sch~~ wisitar]
die Kathedrale	a catedral [a katədral]
die Kirche	a igreja [a igre~~sch~~a]
den Palast	o palácio [u palaßiu]
die Burg	o castelo. [u kaschtälu]
Wann ist die Ausstellung geöffnet?	A que horas está aberta a exposição? [a kə oras‿ischta abärta a äischpusißãu]
Wann schließt das Museum?	Quando fecha o museu? [kwãndu fescha u museu]
Gibt es eine (deutsche/englische) Führung?	Há uma visita guiada (em alemão/em inglês)? [a uma wisita giada (ẽi aləmãu/ẽi ĩnglesch)]
Wann beginnt sie?/Was kostet sie?	Quando começa?/Quanto custa? [kwãndu kumeßa/kwãntu kuschta]
Wie lange dauert sie?	Quanto tempo leva? [kwãntu tẽmpu läwa]
1/2 Karte(n) bitte, für Erwachsene/Kinder.	Faz favor, 1/2 bilhete(s) para adultos/crianças. [fasch fawor ũ/doi~~sch~~ biljetəsch para adultusch/kriãnßasch]
Gibt es eine Ermäßigung für Kinder/Studenten/Senioren?	Há descontos para crianças/estudantes/reformados? [a dəschkõntusch para kriãnßasch/ischtudãntəsch/rəfurmadusch]
* É proibido tirar fotografias. [ä pruibidu tirar futugrafiasch]	Fotografieren verboten!
Darf ich hier filmen?	Posso filmar aqui? [poßu filmar‿aki]
Haben Sie einen Katalog/einen Führer in deutscher/englischer Sprache?	Tem um catálogo/um guia em alemão/inglês? [tẽi ũ katalugu/ũ gia ẽi aləmãu/ĩnglesch]

Ausflüge

Wieviel kostet die Fahrt nach …?	Quanto custa a excursão para …? [kwãntu kuschta a äischkurßãu para]
Ist das Essen/Sind die Eintrittspreise im Preis enthalten?	O preço inclui a comida/as entradas? [u preßu ĩnklui a kumida/as‿ẽntradasch]
Bitte 2 Plätze für den Ausflug nach …	**Faz favor, 2 bilhetes para a excursão para …** [fasch fawor doi~~sch~~ biljetəsch para a äischkurßãu para]
heute/morgen/um 10 Uhr.	hoje/amanhã/às dez horas. [o~~sch~~ə/amanjã/a~~sch~~ däs‿orasch]
Wann/Wo ist der Treffpunkt?	Quando/Onde nos encontramos? [kwãndu/õndə nus‿ẽnkõntramusch]
Wann kommen wir zurück?	Quando voltamos? [kwãndu woltamusch]
Haben wir	**Temos** [temusch]
freie Zeit zur Verfügung	algum tempo livre [algũ tẽmpu liwrə]
Zeit für Einkäufe?	tempo para fazer compras? [tẽmpu para faser kõmprasch]
Besichtigen wir auch …?	Visitamos também …? [wisitamusch tãmbẽi]

Portugiesen sind von alters her eng mit dem Meer verbunden und daher auch begeisterte Angler

Urlaub aktiv

Am Strand, im Schwimmbad

Gibt es hier	**Há por aqui** [a pur‿a**ki**]
ein Freibad/ein Hallenbad	uma piscina/uma piscina coberta [**u**ma pisch**ß**ina/**u**ma pisch**ß**ina ku**bär**ta]
ein Kinderbecken	uma piscina para crianças [**u**ma pisch**ß**ina **pa**ra kri**ãn**ßasch]
einen Bootsverleih?	barcos a alugar? [**bar**kus‿a alu**gar**]
Ist es weit zum Strand?	Fica longe a praia? [**fi**ka **lõn**schə a **pra**ja]
Ist der Strand sandig/steinig/felsig?	A praia é de areia/é pedregosa/tem rochas? [a **pra**ja ä də a**rä**ia/ä pədrə**go**sa/tẽi **ro**schasch]
Wann ist Ebbe/Flut?	Quando é a maré baixa/a maré cheia? [**kwãn**du ä a ma**rä** **bai**scha/a ma**rä** **schäi**a]
Ist die Strömung/Brandung (für Kinder) gefährlich?	A corrente/a rebentação é perigosa (para crianças)? [a ku**rrẽn**tə/a rəbẽnta**ßãu** ä pəri**go**sa (**pa**ra kri**ãn**ßasch)]
Gibt es Quallen/Seeigel im Wasser?	Há alforrecas/ouriços-do-mar na água? [a alfu**rrä**kasch/o**ri**ßusch‿du‿mar na **a**gua]
Ich möchte/Wir möchten ... mieten.	**Queria/Queriamos alugar** [kə**ri**a/kə**ri**amus‿alu**gar**]
ein Tretboot/ein Ruderboot	um barco a pedais/um barco de remos [ũ **bar**ku a pə**daisch**/ũ **bar**ku də **re**musch]
ein Motorboot/ein Segelboot	um barco de motor/um barco de vela [ũ **bar**ku də mu**tor**/ũ **bar**ku də **wä**la]
einen Liegestuhl	uma cadeira de repouso [**u**ma ka**däi**ra də rə**po**su]
einen Sonnenschirm	um guarda-sol [ũ **guar**da‿ßol]
ein Surfbrett	uma prancha de surf [**u**ma **prãn**scha də ßörf]
Wasserski	esquis aquáticos. [əsch**kis**‿a**kwa**tikusch]

Warnschilder

Aviso de tempestade	Sturmwarnung
É proibido saltar!	Springen verboten!
É proibido tomar banho!	Baden verboten!
Perigo	Gefahr
Só para nadadores!	Nur für Schwimmer!

Was kostet das	**Quanto custa** [**kwãn**tu **kusch**ta]
pro (halbe) Stunde	por (meia) hora [pur (**mäi**a) **o**ra]
pro Tag	por dia [pur **di**a]
pro Woche?	por semana? [pur ßə**ma**na]
Wieviel kostet die Trainerstunde?	Quanto custa a lição com trainador? [**kwãn**tu **kusch**ta a li**ßãu** kõ träina**dor**]
Gibt es hier	**Há por aqui** [a pur‿a**ki**]
Segelschulen	escolas de vela [isch**ko**la~~sch~~ də **wä**la]
Surfschulen	escolas de surf [isch**ko**la~~sch~~ də ßörf]
Tauchkurse?	cursos de mergulhar? [**kur**ßu~~sch~~ də mərgu**ljar**]
Ich bin Anfänger(in)/ Fortgeschrittene/r.	Sou principiante/adiantada/-o. [ßo prĩnßi**pjãn**tə/adiãn**ta**da/-u]

Sportarten

Gibt es hier	**Há aqui** [a a**ki**]
einen (Mini-)Golfplatz	um campo de (mini)golfe [ũ **kãm**pu də (**mi**ni)**gol**fə]
einen Tennisplatz?	um campo de ténis? [ũ **kãm**pu də **tä**nisch]
Wo kann man	**Onde se pode** [**õn**də ßə **po**də]
Fahrräder mieten	alugar bicicletas [alu**gar** bißi**klä**tasch]
reiten	andar a cavalo [ãn**dar** a ka**wa**lo]
Squash spielen	jogar squash [~~sch~~u**gar** ßkwosch]
Tischtennis spielen?	jogar ténis de mesa? [~~sch~~u**gar** **tä**nisch də **me**sa]
Wo kann ich einen ... belegen?	**Onde posso tirar** [**õn**də **po**ßu ti**rar**]
Tenniskurs	um curso de ténis [ũ **kur**ßu də **tä**nisch]
Reitkurs	um curso de equitação? [ũ **kur**ßu də ikita**ßãu**]
Kann man hier angeln/baden?	Pode-se pescar à linha/tomar banho? [**po**də‿ßə pəsch**kar** a **li**nja/tu**mar** **ban**ju]
Verleihen Sie	**Alugam** [a**lu**gãu]
Golfschläger	tacos de golfe [**ta**kusch də **gol**fə]
Surfbretter	pranchas de surf [**prãn**scha~~sch~~ də ßörf]
Tennisschläger?	raquetas de ténis? [ra**ke**ta~~sch~~ də **tä**nisch]
Spielen Sie Schach?	Joga xadrez? [~~sch~~oga scha**dresch**]
Kann ich mitspielen?	Posso participar? [**po**ßu partißi**par**]

Ich möchte/Wir möchten ... sehen. | **Queria/Queriamos ver** [kəria/kə**ria**mu~~sch~~ wer]
das Fußballspiel | o jogo de futebol [u **~~sch~~o**gu də **fu**təbol]
den Wettkampf | a competição [a kõmpəti**ßãu**]
den Stierkampf | a tourada [a to**ra**da]
die Regatta. | a regata. [a rə**ga**ta]

Wann beginnt das Spiel/das Rennen? | A que horas começa o jogo/a corrida? [a kə **o**rasch ku**me**ßa u **~~sch~~o**gu/a ku**rri**da]

Wo findet es statt? | Onde tem lugar? [**õn**də tẽi lu**gar**]

Urlaub aktiv

Angel | cana de pesca [**ka**na də **päsch**ka]

Ball | bola [**bo**la]
Basketball | basquetebol *(m)* [baschkätə**bol**]
Billiard | bilhar *(m)* [bi**ljar**]
Bucht | baía [ba**i**a]

Düne | duna [**du**na]

Federball | badminton *(m)* [bäd**mĩn**ton]
Fitnesscenter | centro de fitness [**ßẽn**tru də **fit**niß]

Golf | golfe *(m)* [**gol**fə]
Golfschläger | taco de golfe [**ta**ku də **gol**fə]
Gymnastik | ginástica [~~sch~~i**nasch**tika]

Jogging | jogging *(m)* [**ds~~sch~~o**gging]

Muschel | concha [**kõn**scha]

Pferd | cavalo [ka**wa**lo]

Sauna | sauna [**ßau**na]
Schatten | sombra [**ßõm**bra]
Schlauchboot | barco pneumático [**bar**ku pneu**ma**tiko]
Schnorchel | respirador *(m)* [rəschpira**dor**]
Schwimmflossen | barbatanas [barba**ta**nasch]
Schwimmflügel | braçadeiras [braßa**däi**rasch]
Sonnencreme | creme *(m)* de sol [**krä**mə də ßol]
Spielplatz | campo de jogos [**kãm**pu də **~~sch~~o**gusch]
Sport | desporto [dəsch**por**tu]
Stadion | estádio [isch**ta**diu]
Sturm | tempestade *(f)* [tẽmpəsch**ta**də]

Taucherausrüstung | equipamento de mergulhador [ikipa**mẽn**tu də mərgulja**dor**]

Umkleidekabine | vestiário [wəsch**tja**riu]

Volleyball | voleibol *(m)* [woläi**bol**]

Wassertemperatur | temperatura da água [tẽmpəra**tu**ra da **a**gua]
Welle | onda [**õn**da]

Natur, Umwelt, Erlebnisreisen

Wir möchten einen Ausflug machen
mit dem Rad
in die Berge
in das Naturschutzgebiet.

Queriamos fazer uma excursão [kə**ria**musch fa**ser u**ma äischkur**ßäu**]
de bicicleta [də bißi**klä**ta]
à montanha [a mõn**ta**nja]
à reserva natural. [a rə**sär**wa natu**ral**]

Haben Sie
eine Wanderkarte
eine Radwanderkarte?

Tem [tẽi]
um mapa para excursões a pé [ũ **ma**pa **pa**ra äischkur**ßõis**‿a pä]
um mapa para excursões de bicicleta? [ũ **ma**pa **pa**ra äischkur**ßõisch** də bißi**klä**ta]

Ist der Wanderweg
gut markiert
für Kinder geeignet?

A vereda está [a wə**re**da isch**ta**]
bem sinalizada [bẽi sinali**sa**da]
bem para crianças? [bẽi **pa**ra kri**ãn**ßasch]

Wieviele Kilometer/Wieviele Stunden sind es?
Quantos kilómetros/Quantas horas são? [**kwãn**tusch ki**lo**mətrusch/**kwãn**tas‿orasch ßãu]

Ist dies der richtige Weg nach ...?
Este é o caminho certo para ...? [**esch**tə ä u ka**mi**nju **ßär**tu **pa**ra]

Wie weit ist es noch bis ...?
Quanto tempo falta ainda para ...? [**kwãn**tu **tẽm**pu **fal**ta a**ĩn**da **pa**ra]

Kann man unterwegs baden?
Pode-se tomar banho no caminho? [**po**də‿ße tu**mar ba**nju nu ka**mi**nju]

Gibt es unterwegs
Wasser
eine Gaststätte
eine Informationsstelle?

Há no caminho [a nu ka**mi**nju]
água [**a**gua]
um restaurante [ũ rəschtau**rãn**tə]
um posto de informação? [ũ **posch**tu də ĩnfurma**ßãu**]

Reisen kreativ

Ich möchte ... belegen.
einen Portugiesischkurs
einen Koch-/Malkurs
einen Tanzkurs

Queria tirar [kə**ria** ti**rar**]
um curso de português [ũ **kur**ßu də purtu**gesch**]
um curso de cozinhar/de pintura [ũ **kur**ßu də kusi**njar**/də pĩn**tu**ra]
um curso de dança. [ũ **kur**ßu də **dãn**ßa]

Sind noch Plätze frei?
Ainda há lugares livres? [a**ĩn**da a lu**ga**rəsch **li**wrəsch]

Wo findet der Kurs statt?
Onde é que o curso tem lugar? [**õn**də ä kə u **kur**ßu tẽi lu**gar**]

Wieviele Teilnehmer sind es?
Quantos participantes são? [**kwãn**tusch partißi**pãn**təsch ßãu]

Wann beginnt/Wieviel kostet der Kurs?
Quando começa/Quanto custa o curso? [**kwãn**du ku**me**ßa/**kwãn**tu **kusch**ta u **kur**ßu]

Gibt es eine Kinderbetreuung?
Há uma assistência às crianças? [a **u**ma aßisch**tẽn**ßia asch kri**ãn**ßasch]

Die wehmutsvollen Klänge des Fado sind vor allem in den Altstadtkneipen Lissabons zu hören

Unterhaltung

Kino, Theater, Oper und Konzert

Welche Filme laufen heute/morgen im Kino?	Que há hoje/amanhã no cinema? [kə a **o**~~sch~~ə/ama**njã** nu ßi**ne**ma]
Ist der Film	**O filme é** [u **fil**mə ä]
synchronisiert	dobrado [du**bra**du]
mit Untertiteln?	legendado? [lə~~sch~~ẽn**da**du]
Wann beginnt	**A que horas começa** [a kə **o**rasch ku**me**ßa]
die Vorstellung	o espectáculo [u ischpä**ta**kulu]
der Hauptfilm	o filme principal [u **fil**mə prĩnßi**pal**]
das Konzert	o concerto [u kõn**ßär**tu]
das Ballett	o balé [u ba**lä**]
die Oper	a ópera [a **o**pəra]
die Operette	a opereta [a upə**rä**ta]
das Musical	o musical [u musi**kal**]
das Theaterstück	a peça de teatro [a **pä**ßa də **tja**tru]
der Kartenvorverkauf	a venda antecipada de bilhetes [a **wẽn**da antəßi**pa**da də bi**lje**təsch]
für das (Musik-)Festival?	para o festival (de música)? [**pa**ra u fəschti**wal** (də **mu**sika)]
Was wird ... gespielt?	**O que dão** [u kə dãu]
heute	hoje [**o**~~sch~~ə]
morgen abend	amanhã à noite [ama**njã** a **noi**tə]
dieses Wochenende	este fim de semana [**esch**tə fĩ də ßə**ma**na]
im Theater	no teatro [nu **tja**tru]
in der Oper	na ópera? [na **o**pəra]

Im Theater

Balcão Rang
Cəmarote Loge
Casa de banho Toilette
Direita rechts
Entrada Eingang
Esquerda links
Fila Reihe
Lugar Platz
Meio Mitte
Plateia Parkett
Primeiro balcão 1. Rang
Saída de emergencia Notausgang
Segundo balcão 2. Rang

Wo bekommt man/ Wieviel kosten die Karten?
Onde se compram/Quanto custam os bilhetes? [**õn**də ßə **kõm**prãu/**kwãn**tu **kusch**tãu u~~sch~~ bi**lje**təsch]

Gibt es noch Karten an der Abendkasse?
Ainda há bilhetes na bilheteira? [a**ĩn**da a bi**lje**təsch na biljə**täi**ra]

Gibt es verbilligte Karten?
Há bilhetes reduzidos? [a bi**lje**təsch rədu**si**dusch]

* Esgotado. [ischgu**ta**du]
Ausverkauft!

Bitte 2 Karten/Plätze
Faz favor, 2 bilhetes/lugares [fasch fa**wor** doi~~sch~~ bi**lje**təsch/lu**ga**rəsch]

für die (Kino-)Vorstellung — para a sessão [**pa**ra a ßə**ßãu**]
für das Konzert — para o concerto [**pa**ra u kõn**ßär**tu]
heute — hoje [**o~~sch~~ə**]
morgen Abend — amanhã à noite [ama**njã** a **noi**tə]
um 20 Uhr. — às 20 horas. [asch **wĩn**tə **o**rasch]

Wann ist die Vorstellung zu Ende?
A que horas termina o espectáculo? [a kə **o**rasch tər**mi**na u ischpä**ta**kulu]

Ich möchte bitte ein Programm.
Queria um programa, faz favor. [kə**ria** ũ pru**gra**ma fasch fa**wor**]

Gibt es eine Garderobe?
Há um vestiário? [a ũ wəsch**tja**riu]

Diskothek, Bar und Nachtklub

Gibt es hier
Há por aqui [a pur‿a**ki**]

ein Spielkasino — um casino [ũ ka**si**nu]
eine Diskothek — uma discoteca [**u**ma dischku**tä**ka]
ein Tanzlokal — um bar onde se pode dançar [ũ bar **õn**də ßə **po**də **dãn**ßar]
eine Kneipe — uma tasca [**u**ma **tasch**ka]
eine Bar — um bar [ũ bar]
mit Livemusik? — com música ao vivo? [kõ **mu**sika au **wi**wu]

Ist hier noch frei?
Está livre? [isch**ta** **li**wrə]

Die Getränkekarte, bitte.
A lista de bebidas, faz favor. [a **lisch**ta də bə**bi**dasch fasch fa**wor**]

Unterhaltung

Aufführung	espectáculo [ischpä**ta**kulu]
ausgehen	sair [ßa**ir**]
Ballett	balé *(m)* [ba**lä**]
Band	conjunto [kõn**schũn**tu]
Bar	bar *(m)* [bar]
Bühne	palco [**pal**ku]
Bühnenbild	cenário [ßə**na**riu]
Chor	coro [**ko**ru]
Dirigent	maestro [ma**äsch**tru]
Eintrittskarte	bilhete *(m)* [bi**lje**tə]
Fadosänger(in)	fadista [fa**disch**ta]
Folkloreabend	espectáculo de folclore [ischpä**ta**kulu də fol**klo**rə]
Freilichtbühne	teatro ao ar livre [**tja**tru au ar **li**wrə]
Garderobe	vestiário [wəsch**tja**riu]
Jazzkonzert	concerto de Jazz [kõn**ßär**tu də dschäß]
Kabarett	teatro satírico [**tja**tru ßa**ti**riku]
Kammermusik	música de câmara [**mu**sika də **ka**mara]
Kasse	bilheteira [biljə**täi**ra]
klatschen	aplaudir [aplau**dir**]
Komödie	comédia [ku**mä**dia]
Livemusik	música ao vivo [**mu**sika au **wi**wu]
Orchester	orquestra [ur**käsch**tra]
Pause	intervalo [ĩntər**wa**lu]
Platzanweiser(in)	arrumador(a) [arruma**dor**(a)]
Popmusik	música Pop [**mu**sika pop]
Premiere	estreia [isch**träi**a]
Programmheft	programa *(m)* [pru**gra**ma]
Regisseur(in)	realizador(a) [rjalisa**dor**(a)]
Sänger(in)	cantor(a) [kãn**tor**(a)]
Schauspieler	ator *(m)* [a**tor**]
Schauspielerin	atriz *(f)* [a**trisch**]
spielen	representar [rəprəsẽn**tar**]
Spielhalle	salão de jogos [ßa**lãu** də **scho**gusch]
Stierkampf	tourada [to**ra**da]
Tänzer/in	bailarino/-a [baila**ri**no/-a]
Theke, Tresen	balcão [bal**kãu**]
Türsteher	porteiro [pur**täi**ru]
Volksmusik	música popular [**mu**sika pupu**lar**]
Vorverkauf	venda antecipada [**wẽn**da ãntəßi**pa**da]
Zirkus	circo [**ßir**ku]

Wollen wir tanzen etwas trinken frische Luft schnappen ein wenig spazieren gehen?	**Vamos** [**wa**musch] dançar [dãn**ßar**] beber qualquer coisa [bə**ber** kwal**kär koi**sa] tomar ar fresco [tu**mar** ar **fresch**ku] dar um passeio? [dar ũ pa**ßäi**u]
Darf ich Sie einladen?	Posso convidá-la *(f)* / convidá-lo *(m)?* [**po**ßu kõnwi**da**‿la/kõnwi**da**‿lu]
Darf ich Sie ... begleiten? nach Hause ins Hotel	**Posso acompanhá-la** *(f)* / **acompanhá-lo** *(m)* [**poßu** akõmpa**nja**‿la/akõmpa**nja**‿lu] à casa [a **ka**sa] ao hotel? [au o**täl**]
Möchten Sie noch mit zu mir kommen?	Quer vir ainda à minha casa? [kär wir a**ĩn**da a **mi**nja **ka**sa]
Vielen Dank für diesen schönen Abend.	Obrigado/-a por esta noite agradável. [ubri**ga**du/-a pur **äsch**ta **noi**tə agra**da**wäl]
Auf Wiedersehen./Bis morgen.	Adeus./Até amanhã. [a**deusch**/a**tä** ama**njã**]

Feste und Veranstaltungen

Wann beginnt das (Volks-)Fest das Festprogramm die Messe der Umzug/die Prozession die Show/Darbietung die Zirkusvorstellung?	**A que horas começa** [a kə **o**rasch ku**me**ßa] a feira (popular) [a **fäi**ra (pupu**lar**)] o programa festivo [u pru**gra**ma fəsch**ti**wu] *(Kirche)* a missa [a **mi**ßa]; *(Handel)* a feira [a **fäi**ra] o cortejo/a procissão [u kur**te**~~sch~~u/a prußi**ßãu**] o espectáculo [u ischpä**ta**kulu] o circo? [u **ßir**ku]
Wo findet die Veranstaltung statt?	Onde tem lugar a representação? [**õn**də tẽi lu**gar** a rəprəsẽnta**ßãu**]
Wie lange wird sie dauern?	Quanto tempo vai levar? [**kwãn**tu **tẽm**pu wai lə**war**]
Muss man Eintritt bezahlen?	Temos de pagar a entrada? [**te**mu~~sch~~ də pa**gar** a ẽn**tra**da]
Wo bekomme ich/ Was kosten die Karten?	Onde posso comprar/Quanto custam os bilhetes? [**õn**də **po**ßu kũm**prar**/**kwãn**tu **kusch**tãu u~~sch~~ bi**lje**təsch]

Ai meu triste fado – Ach, mein trauriger Fado

An den tieftraurigen Gesängen des **fado** [**fa**du] scheiden sich die Geister. Während er für die einen ein kommerzialisiertes Überbleibsel einer rückständigen Vergangenheit bedeutet, ist der Fado für die anderen immer noch Ausdruck der portugiesischen Volksseele. Es soll ihn noch geben, den ursprünglichen, volkstümlichen Fado, der in den Hafenkneipen der Hauptstadt am Tejo entstand und von der bürgerlichen Gesellschaft im 19. Jahrhundert entdeckt wurde. Vielleicht bekommen Sie ihn in einer der vielen Kneipen in Lissabons Alfama oder im Bairro Alto zu hören. Die studentische Variante mit einer politisch-kritischen Note wird in Coimbra gepflegt und von Männern gesungen.

Märkte sind die schönsten und besten Plätze, um sich mit frischem Obst und Gemüse zu versorgen

Einkaufen

Allgemeines

Wo bekomme ich Filme/Zeitungen? — **Onde posso comprar** [õndə **po**ßu kõm**prar**] rolos/jornais? [**ro**lusch/~~sch~~ur**naisch**]

Gibt es hier in der Nähe — **Há por aqui** [a pur‿**aki**]
eine Bäckerei — uma padaria [**u**ma pada**ri**a]
ein Lebensmittelgeschäft — uma mercearia [**u**ma mərßia**ri**a]
eine Metzgerei — um talho [ũ **ta**lju]
einen Supermarkt? — um supermercado? [ũ ßupərmər**ka**du]

* O que deseja? [u kə də**se**~~sch~~a] — Was wünschen Sie?
* Posso ajudá-lo/ajudá-la? [**po**ßu a~~sch~~u**da**‿lu/a~~sch~~u**da**‿la] — Kann ich Ihnen helfen?

Ich möchte mich nur umsehen. — Só estou a ver. [ßo isch**to** a wer]

Ich möchte bitte — **Queria** [kə**ri**a]
Briefmarken — selos [**ßä**lusch]
Sonnencreme. — um creme para o sol. [ũ **krä**mə **pa**ra u ßol]

Wieviel kostet das? — Quanto custa? [**kwãn**tu **kusch**ta]

Das ist (zu) teuer. — É (muito) caro. [ä (**mũi**tu) **ka**ru]

Das gefällt mir (nicht). — (Não) Gosto disso. [(nãu) **gosch**tu **di**ßu]

Ich nehme es. — Vou levá-lo. [wo lə**wa**‿lu]

Haben Sie etwas Preiswerteres/Größeres/Kleineres? — Tem alguma coisa mais barata/mais grande/mais pequena? [tẽi al**gu**ma **koi**sa mai~~sch~~ ba**ra**ta/maisch **grãn**də/maisch pə**ke**na]

Lebensmittel

Babynahrung	alimentação *(f)* para bebé [alimẽnta**ßãu pa**ra bä**bä**]
Eier	ovos [**o**wusch]
Essig	vinagre *(m)* [wi**na**grə]
Fisch	peixe *(m)* [**päi**schə]
Fleisch	carne *(m)* [**kar**nə]
Gemüse	hortaliça [orta**li**ßa]
Gewürze	condimentos [kõndi**mẽn**tusch]
Haferflocken	flocos de aveia [**flo**kusch də a**wäi**a]
Kakao	cacau *(m)* [ka**kau**]
Kekse	bolachas [bu**la**schasch]
Ketchup	ketchup *(m)* [kä**tschap**]
Konserven	conservas [kõn**ßär**wasch]
(ohne) Konservierungsstoffe	(sem) conservantes *(m)* [(ßẽi) kõnßər**wãn**təsch]
Kuchen	bolo [**bo**lu]
Margarine	margarina [marga**ri**na]
Mayonnaise	maionese *(f)* [maju**nä**sə]
Mehl	farinha [fa**ri**nja]
(Voll-/fettarme) Milch	leite *(m)* (gordo/magro) [**läi**tə (**gor**du/**ma**gru)]
Nüsse	nozes *(f)* [**no**səsch]
Obst	fruta [**fru**ta]
Öl	óleo [**o**liu]
Olivenöl	aceite *(m)* [a**säi**tə]
Paprika(gewürz)	colorau *(m)* [kulu**rãu**]
Pfeffer	pimenta [pi**mẽn**ta]
Saft	sumo [**ßu**mu]
Sahne	nata [**na**ta]
Salz	sal *(m)* [ßal]
Schokolade(riegel)	(barra de) chocolate *(m)* [(**ba**rra də) schuku**la**tə]
Senf	mostarda [musch**tar**da]
Toast	torrada [tu**rra**da]
Würstchen	salsicha [ßal**ßi**scha]
Zucker	açúcar *(m)* [a**ßu**kar]
Zwieback	tosta doce [**tosch**ta **do**ßə]

▶ **(Siehe auch Speisekarte, S. 44.)**

Obst und Gemüse

Ananas	ananás *(m)* [ana**nasch**]
Apfel	maçã [ma**ßã**]
Aprikose	damasco [da**masch**ku]
Artischocke	alcachofra [alka**scho**fra]

Aubergine	beringela [bərĩn**sehä**la]
Avocado	abacate *(m)* [aba**ka**tə]
Banane	banana [ba**na**na]
Basilikum	manjerico [mãnsehə**ri**ku]
Birne	pera [**pe**ra]
(grüne/weiße) Bohnen	feijões *(m)* (verdes/brancos) [fäi**sehõisch** (**wer**dəsch/**brãn**kusch)]
Brokkoli	brócolos [**bro**kulusch]
Chicorée	chicória [schi**ko**ria]
Datteln	tâmaras [**ta**marasch]
Erbsen	ervilhas [ir**wi**ljasch]
Erdbeeren	morangos [mu**rãn**gusch]
Erdnüsse	amendoins *(m)* [amẽndu**ĩnsch**]
Feigen	figos [**fi**gusch]
Grapefruit	toranja [tu**rãn**seha]
Gurke	pepino [pə**pi**nu]
Himbeeren	framboesas [frãmbu**e**sasch]
Karotten	cenouras [ßə**no**rasch]
Kartoffeln	batatas [ba**ta**tasch]
Kirschen	cerejas [ßə**re**sehasch]
Knoblauch	alho [**al**ju]
Kohl	couve *(f)* [**ko**wə]
Lauch, Porree	alho-porro [**al**ju‿**po**rru]
Mais	milho [**mi**lju]
Mandarine	tangerina [tãnsehə**ri**na]
(Honig-)Melone	melão [mə**lãu**]
Mispel	nêspera [**nesch**pəra]
Oliven	azeitonas [asäi**to**nasch]
Orange	laranja [la**rãn**seha]
Paprikaschote	pimento [pi**mẽn**tu]
Petersilie	salsa [**ßal**ßa]
Pfirsich	pêssego [**pe**ßəgu]
Pflaume	ameixa [a**mäi**scha]
Sellerie	aipo [**ai**pu]
Spinat	espinafres *(m)* [ischpi**na**frəsch]
Tomate	tomate *(m)* [tu**ma**tə]
Wassermelone	melancia [məlãn**ßi**a]
(weiße/blaue) Weintrauben	uvas (brancas/pretas) [**u**wasch (**brãn**kasch/**pre**tasch)]
Zitrone	limão [li**mãu**]
Zucchini	aboborinha [abubu**ri**nja]
Zwiebel	cebola [ßə**bo**la]

Kann ich mit Scheck/Kreditkarte bezahlen das umtauschen?	**Posso** [po**ß**u] pagar com cheque/cartão de crédito [pa**gar kõ schä**kə/kar**tãu** də **krä**ditu] trocar isto? [tru**kar isch**tu]
Wo ist der nächste Geldautomat/die nächste Bank?	Onde é o multibanco/o banco mais perto? [**õn**də ä u multi**bãn**ku/u **bãn**ku maisch **pär**tu]
* Mais alguma coisa? [mais‿al**gu**ma **koi**sa]	Noch etwas?
Danke, das ist alles.	Obrigado/-a, é tudo. [ubri**ga**du/-a ä **tu**du]
Können Sie mir das einpacken?	Podia-mo embrulhar? [pu**dia**‿mu ẽmbru**ljar**]
Haben Sie eine Tragetüte?	Tem um saco? [tẽi ũ **ßa**ku]

Lebensmittel

Ich möchte/Geben Sie mir bitte ein/eine … 100 Gramm … ein halbes Kilo/ein Kilo … einen Liter … eine Dose … eine Flasche …	**Queria/Dê-me, faz favor** [kə**ria**/**de**‿mə fasch fa**wor**] um/uma … [ũ/**u**ma] cem gramas de … [ßẽi **gra**masch də] meio quilo/um quilo de … [**mäi**u **ki**lu/ũ **ki**lu də] um litro de … [ũ **li**tru də] uma lata de … [**u**ma **la**ta də] uma garrafa de … [**u**ma ga**rra**fa də]
Kann ich davon probieren?	Posso provar disto? [**po**ßu pru**war disch**tu]
* Pode ser um pouco mais? [**po**də ßer ũ **po**ku maisch]	Darf es etwas mehr sein?
Etwas mehr/weniger bitte.	Um pouco mais/menos, faz favor. [ũ **po**ku maisch/**me**nusch fasch fa**wor**]
Lassen Sie es so!	Deixe estar! [**däi**schə isch**tar**]

Bücher, Schreibwaren und Zeitungen

Haben Sie deutsche Zeitungen/ deutsche Illustrierte Ansichtskarten Briefmarken Briefpapier Umschläge Kugelschreiber Stifte (deutsche/englische) Bücher Klebstoff Klebeband?	**Tem** [tẽi] jornais alemães/revistas alemãs [schur**nais**‿alə**mãisch**/rə**wisch**tas‿alə**mãsch**] postais [pusch**taisch**] selos [**ße**lusch] papel de carta [pa**päl** də **kar**ta] envelopes [ẽnwə**lo**pəsch] esferográficas [ischfäru**gra**fikasch] lápis [**la**pisch] livros (alemães/ingleses) [**li**wrus‿(alə**mãisch**/ĩn**gle**səsch)] cola [**ko**la] fita cola? [**fi**ta **ko**la]

FATMA

Kleidung und Schuhe

Ärmel	manga [**mãn**ga]
Anorak	blusão [blu**sãu**]
Anzug	fato [**fa**tu]
Badeanzug	fato de banho [**fa**tu də **ba**nju]
Badehose	calção de banho [kal**ßãu** də **ba**nju]
BH	sutiã *(m)* [ßu**tjã**]
Bikini	biquíni *(m)* [bi**ki**ni]
Feinstrumpfhose	meia-calça [**mäia**‿**kal**ßa]
Gürtel	cinto [**ßĩn**tu]
Handschuhe	luvas [**lu**wasch]
Hut	chapéu *(m)* [scha**päu**]
Jeans	jeans *(f)* [d~~sch~~ins]
Jogginganzug	fato de treino [**fa**tu də **träi**nu]
Krawatte	gravata [gra**wa**ta]
Mütze	boné *(m)* [bu**nä**]
Sandalen	sandálias [ßãn**da**liasch]
Schlafanzug	pijama *(m)* [pi~~sch~~**a**ma]
Slip *(Damen)*	slip *(m)* [ßlip]; calcinhas [kal**ßi**njasch]
Slip *(Herren)*	cuecas [ku**ä**kasch]
Stiefel	botas [**bo**tasch]
Weste	colete *(m)* [ku**le**tə]

Ich hätte gerne — **Queria** [kə**ri**a]
- eine Landkarte von … — um mapa de … [ũ **ma**pa də]
- einen Stadtplan — uma planta da cidade [**u**ma **plãn**ta da ßi**da**də]
- einen Reiseführer — um guia [ũ **gi**a]
- eine Wanderkarte — um mapa para excursões [ũ **ma**pa **pa**ra äischkur**ßõisch**]
- ein Wörterbuch Portugiesich-Deutsch. — um dicionário português-alemão. [ũ dißju**na**riu purtu**ges**‿alə**mãu**]

Kleidung und Schuhe

Ich suche — **Procuro** [pru**ku**ru]
- eine Bluse/ein Hemd — uma blusa/uma camisa [**u**ma **blu**sa/**u**ma ka**mi**sa]
- ein T-Shirt — uma t-shirt [**u**ma **ti**‿schört]
- eine Hose/einen Rock/ein Kleid — umas calças/uma saia/um vestido [**u**masch **kal**ßasch/**u**ma **ßa**ia/ũ wəsch**ti**du]
- einen Pullover/eine Jacke — um pulôver/um casaco [ũ pu**lo**wär/ũ ka**sa**ku]
- Unterwäsche/Socken — roupa interior/peúgas [**ro**pa ĩntə**rjor**/pä**u**gasch]
- eine Regenjacke — um impermeável [ũ ĩmpər**mja**väl]
- (Turn-)Schuhe — sapatos (de ginástica) [ßa**pa**tusch (də ~~sch~~i**nasch**tika)]
  - für Damen/Herren/Kinder. — para senhoras/senhores/crianças. [**pa**ra ßə**njo**rasch/ßə**njo**rəsch/kri**ãn**ßasch]

Ich habe Größe 40.	O meu tamanho é o 40. [u meu ta**ma**nju ä u kwa**rẽn**ta]
Ich habe Schuhgröße 39.	Calço o número 39. [**kal**ßu u **nu**məru **trĩn**ta‿i‿**no**wə]
Kann ich das probieren? Wo ist ein Spiegel?	Posso provar isto? [**po**ßu pru**war isch**tu] Onde há um espelho? [**õn**də a ũ isch**pe**lju]
Das passt (nicht) gut.	(Não) Está bom. [(nãu) isch**ta** bõ]
Das/Die Farbe gefällt mir (nicht).	(Não) Gosto disso/desta cor. [(nãu) **gosch**tu **di**ßu/**däsch**ta kor]
Ich nehme es.	Levo-o. [**lä**wu‿u]
Gibt es noch andere Modelle/ andere Farben?	Há ainda outros modelos/outras cores? [a aĩnda **o**trusch mu**dä**lusch/**o**trasch **ko**rəsch]
Es ist zu	**Está muito** [isch**ta mũi**tu]
klein/groß	pequeno/grande [pə**ke**nu/**grãn**də]
lang/kurz	comprido/curto [kõm**pri**du/**kur**tu]
eng/weit.	apertado/largo. [apər**ta**du/**lar**gu]
Ist das aus	**É de** [ä də]
Leder	couro [**ko**ru]
Baumwolle/Wolle/Seide/ Leinen?	algodão/lã/seda/linho? [algu**dãu**/lã/**ße**da/**li**nju]

Wäscherei und Reinigung

Ich möchte das waschen / reinigen/bügeln lassen.	Queria mandar isto lavar/limpar a seco/ passar a ferro. [kə**ri**a mãn**dar isch**tu la**war**/lĩm**par** a **ße**ku/pa**ßar** a **fe**rru]
Wieviel kostet das?	Quanto custa? [**kwãn**tu **kusch**ta]
Wann ist es fertig?	Quando está pronto? [**kwãn**du isch**ta prõn**tu]

Schmuck und Uhren

Meine Kette/Meine Uhr/ Mein Wecker ist kaputt.	O meu colar/O meu relógio/O meu despertador está estragado. [u meu ku**lar**/u meu rə**lo**schiu/ u meu dəschpərta**dor** isch**ta** ischtra**ga**du]
Können Sie das reparieren?	Podia-o consertar? [pu**dia**‿u kõnßər**tar**]
Ich hätte gerne	**Queria** [kə**ri**a]
eine neue Batterie	uma nova pilha [**u**ma **no**wa **pi**lja]
ein Armband	uma pulseira [**u**ma pul**ßäi**ra]
eine Brosche	um broche [ũ **bro**schə]
einen Ring	um anel [ũ a**näl**]
Ohrringe.	brincos. [**brĩn**kusch]
Ist das	**É** [ä]
echt	autêntico [au**tẽn**tiku]
aus Silber/aus Gold	de prata/de ouro [də **pra**ta/də **o**ru]
versilbert/vergoldet?	prateado/dourado? [pra**tja**du/do**ra**du]

Hähne und Kacheln

Es muß nicht immer Barcelos sein! Auf diesem bei Touristen beliebtesten Markt in Nordportugal, der jeden Donnerstag stattfindet, geht es eng und hektisch zu. Weitaus geruhsamer, aber genauso sehenswert, sind die Wochenmärkte, die Sie in jeder größeren Ortschaft finden. Und der berühmte **galo de Barcelos** [**ga**lu də bar**ß**e**lusch], der bunt glasierte (Keramik-)Hahn von Barcelos, wird in ganz Portugal als Souvenir verkauft.

Auch **azulejos** [asu**le**sehusch], bemalte Kacheln oder großflächige Kachelbilder, werden Ihnen überall in Portugal begegnen. In Kirchen, Klöstern, Restaurants, sogar in Bahnhöfen stellen sie, traditionell in Blau-Weiß, historische Begebenheiten, lokale Sehenswürdigkeiten oder Szenen aus dem Landleben bildlich dar. Die Azulejos sind mit unterschiedlichen Motiven und Farben auch einzeln erhältlich und als Andenken sehr beliebt.

Elektro- und Fotoartikel

Ich suche/Ich brauche	**Precisava** [prəßi**sa**wa]
einen Adapter	dum adaptador [dũ adapta**dor**]
eine Batterie	duma bateria [**du**ma batə**ria**]
für den Walkman	para o walkman [**pa**ra u **wok**män]
für die Taschenlampe	para a lâmpada de bolso [**pa**ra a **lãm**pada də **bol**ßu]
für den Fotoapparat	para a máquina fotográfica [**pa**ra a **ma**kina futu**gra**fika]
für die Videokamera	para a videocâmara [**pa**ra a widiu**ka**mara]
für das Radio.	para o rádio. [**pa**ra u **ra**diu]
Ich hätte gern	**Queria** [kə**ria**]
einen Farbfilm	um rolo a cores [ũ **ro**lu a **ko**rəsch]
einen Schwarzweißfilm	um rolo preto e branco [ũ **ro**lu **pre**tu i **brãn**ku]
einen Diafilm	um rolo para diapositivos [ũ **ro**lu **pa**ra diapusi**ti**wusch]
mit 24 (36) Aufnahmen	de 24 (36) fotografias [də **wĩnt**‿i **kwa**tru (**trĩn**ta i ßäisch) futugra**fi**asch]
eine Videokassette	uma cassete de vídeo [**u**ma ka**ßä**tə də **wi**diu]
ein Standardobjektiv	uma objectiva normal [**u**ma ubseh**äti**wa nur**mal**]
ein Teleobjektiv.	uma teleobjectiva. [**u**ma täläubseh**äti**wa]
Könnten Sie mir	**Podia-me** [pu**dia**‿mə]
den Film einlegen	colocar o rolo [kulu**kar** u **ro**lu]
diesen Film entwickeln	revelar este rolo [rəwə**lar esch**tə **ro**lu]
Abzüge anfertigen	fazer cópias [fa**ser ko**piasch]
9 mal 9 (13)	9 por 9 (13) [**no**wə pur **no**wə (**tre**sə)]
glänzend/matt?	brilhante/mate? [bri**ljãn**tə/**ma**tə]
Machen Sie Passbilder?	Tira fotografias para passaporte? [**ti**ra futugra**fi**asch **pa**ra paßa**por**tə]
Wann sind die Fotos fertig?	Quando estão prontas as fotografias? [**kwãn**du isch**tãu prõn**tas‿asch futugra**fi**asch]

... funktioniert nicht richtig. — **... não funciona bem.** [nãu fũnßj**o**na bẽi]
Mein Fotoapparat — A minha máquina fotográfica [a **mi**nja **ma**kina futu**gra**fika]
Das Blitzlicht — O flash [u fläsch]
Meine Videokamera — A minha videocâmara [a **mi**nja widiu**ka**mara]

Können Sie einmal nachsehen/das reparieren? — Pode vê-lo/repará-lo? [**po**də we‿lu/rəpa**ra**‿lu]
Wann kann ich es abholen? — Quando posso vir buscá-lo? [**kwãn**du **po**ßu wir busch**ka**‿lu]

Souvenirs, Kunsthandwerk

Ich suche — **Procuro** [pru**ku**ru]
ein Reiseandenken — uma recordação [**u**ma rikurda**ßãu**]
Folklorekleidung — vestidos folclóricos [wəsch**ti**dusch fol**klo**rikusch]
Keramik — cerámica [ßə**ra**mika]
Kunstgegenstände — objectos de arte [ub**sehä**tusch də **ar**tə]
modern — modernos [mu**där**nusch]
antik — antigos [ãn**ti**gusch]
volkstümlich — populares [pupu**la**rəsch]
Kacheln/Puppen — azulejos/bonecas [asu**lese**husch/bu**nä**kasch]
Spitzen — rendas [**rẽn**dasch]
Lederwaren — artigos de couro [ar**ti**gusch də **ko**ru]
Schmuck. — jóias. [**seho**jasch]

Was ist typisch für — **O que é típico para** [u kə ä **ti**piku **pa**ra]
diese Stadt — esta cidade [**äsch**ta ßi**da**də]
diese Gegend? — esta região? [**äsch**ta rə**sehjãu**]

Ist das — **É** [ä]
echt/antik — autêntico/antigo [au**tẽn**tiku/ãn**ti**gu]
Kunsthandwerk — artesanato [artəsa**na**tu]
aus der Region? — da região? [da rə**sehjãu**]

Ist das handgemacht? — É feito à mão? [ä **fäi**tu a mãu]

Optiker

Meine Brille ist kaputt.	Os meus óculos estão estragados. [usch meus‿**o**kulus‿isch**tãu** ischtra**ga**dusch]
Können Sie sie reparieren/ mir eine Ersatzbrille geben?	Pode consertá-los/dar-me uns óculos de substituição? [**po**də kõnßər**ta**‿lusch/ dar‿mə ũns‿**o**kulusch də ßubschtitui**ßãu**]
Wann wird die Brille fertig sein?	Quando estarão prontos? [**kwãn**du ischta**rãu** **prõn**tusch]
Ich habe meine Brille/ eine Kontaktlinse verloren.	Perdi os meus óculos/o meu lente de contacto. [pər**di** usch meus‿**o**kulusch/u meu **lẽn**tə də kõn**ta**tu]
Ich bin kurzsichtig/ weitsichtig.	Sou míope/presbita. [ßo **mi**upə/prəsch**bi**ta]
Ich habe rechts/links ... Dioptrien.	Tenho ... dioptrias no olho direito/esquerdo. [**te**nju ... diop**tri**asch nu **o**lju di**räi**tu/isch**ker**du]
Ich brauche	**Preciso** [prə**ßi**su]
eine Sonnenbrille	duns óculos de sol [dũns‿**o**kulusch də ßol]
ein Brillenetui	dum estojo para óculos [dũ isch**to**schu **pa**ra **o**kulusch]
ein Fernglas	dum binóculo [dũ bi**no**kulu]
Reinigungslösung	duma solução para limpar as lentes [**du**ma ßulu**ßãu** **pa**ra lĩm**par** asch **lẽn**təsch]
Aufbewahrungslösung	duma solução para conservar as lentes [**du**ma ßulu**ßãu** **pa**ra kõnßər**war** asch **lẽn**təsch]
für harte/weiche Kontaktlinsen.	para lentes duras/moles. [**pa**ra **lẽn**təsch **du**rasch/**mo**ləsch]

Drogerie

Ich hätte gerne	**Queria** [kə**ri**a]
Heftpflaster	um adesivo [ũ adi**si**wu]
Papiertaschentücher	lenços de papel [**lẽn**ßusch də pa**päl**]
eine (Hand-)Creme	um creme (para as mãos) [ũ **krä**mə (**pa**ra asch mäusch)]
eine Sonnencreme	um creme para o sol [ũ **krä**mə **pa**ra u ßol]
mit Lichtschutzfaktor 6/12	com factor de protecção solar 6/12 [kõ fa**tor** də prutä**ßãu** ßu**lar** ßäisch/**do**sə]
einen Lippenstift	um batom [ũ ba**tõ**]
ein Shampoo	um champu [ũ schãm**pu**]
für normales/trockenes/ fettes Haar	para cabelo normal/seco/oleoso [**pa**ra ka**be**lu nur**mal**/**ße**ku/ul**jo**su]
gegen Schuppen	contra a caspa [**kõn**tra a **kasch**pa]
eine Babyflasche	um biberão [ũ bibə**rãu**]
einen Schnuller	uma chupeta [**u**ma schu**pe**ta]
Windeln	fraldas [**fral**dasch]
Babypuder.	um pó de talco para bebés. [ũ po də **tal**ku **pa**ra bä**bäsch**]

Tabakwaren

Ich hätte gern	**Queria** [kə**ri**a]
eine Schachtel/ eine Stange Zigaretten	um maço/um volume de cigarros [ũ **ma**ßu/ũ wu**lu**mə də ßi**ga**rrusch]
mit/ohne Filter	com/sem filtro [kõ/ßẽi **fil**tru]
Pfeifentabak	tabaco para cachimbo [ta**ba**ku **pa**ra ka**schĩm**bu]
Streichhölzer	fósforos [**fosch**furusch]
ein Feuerzeug.	um isqueiro. [ũ isch**käi**ru]

Drogerie

Babyflasche	biberão [bibə**rãu**]
(Damen-)Binden	penso higiénico [**pẽn**ßu i**~~sch~~jä**niku]
Bürste	escova [isch**ko**wa]
Deodorant	desodorizante *(m)* [dəsuduri**sãn**tə]
Duschgel	gel *(m)* de banho [~~sch~~äl də **ba**nju]
Haarspray	laca [**la**ka]
Heftpflaster	adesivo [adə**si**wu]
Kamm	pente *(m)* [**pẽn**tə]
Kondom	preservativo [prəsərwa**ti**wu]
Mückenschutzmittel	repelente *(m)* [rəpə**lẽn**tə]
Nagelfeile	lima para unhas [**li**ma **pa**ra **u**njasch]
Nagelschere	tesoura para unhas [tə**so**ra **pa**ra **u**njasch]
Parfüm	perfume *(m)* [pər**fu**mə]
Pinzette	pinça [**pĩn**ßa]
Rasiercreme/-schaum	creme *(m)*/espuma de barbear [**krä**mə/isch**pu**ma də bar**bjar**]
Rasierklinge	lâmina para barbear [**la**mina **pa**ra bar**bjar**]
Rasierwasser	loção *(f)* para a barba [lu**ßãu** **pa**ra a **bar**ba]
Schnuller	chupeta [schu**pe**ta]
Seife	sabão [ßa**bãu**]
Shampoo	champu *(m)* [schãm**pu**]
Sicherheitsnadel	alfinete *(m)* de segurança [alfi**ne**tə də ßəgu**rãn**ßa]
Spiegel	espelho [isch**pe**lju]
Spülmittel	detergente *(m)* [dətər**~~sch~~ẽn**tə]
Tampons	tampões *(m)* [tãm**põisch**]
Toilettenpapier	papel *(m)* higiénico [pa**päl** i**~~sch~~jä**niku]
Waschmittel	detergente *(m)* para a roupa [dətər**~~sch~~ẽn**tə **pa**ra a **ro**pa]
Watte	algodão [algu**dãu**]
Windeln	fraldas [**fral**dasch]
Zahnbürste	escova de dentes [isch**ko**wa də **dẽn**təsch]
Zahnpasta	pasta dentífrica [**pasch**ta dẽn**ti**frika]

Roller und Mopeds sind populäre Verkehrsmittel für Alt und Jung

Praktische Hinweise

Ärztliche Versorgung

Beim Arzt

Ich brauche (dringend) einen Arzt.	Preciso dum médico (urgentemente). [prəßisu dũ **mä**diku (ursehẽntə**mẽn**tə)]
Rufen Sie bitte einen Notarzt/ einen Krankenwagen.	Chame um médico das urgências/ uma ambulância, faz favor. [**scha**mə ũ **mä**diku das‿ur**sehẽn**ßiasch/ **u**ma ãmbu**lãn**ßia fasch fa**wor**]
Gibt es hier	**Há por aqui** [a pur‿a**ki**]
einen Arzt	um médico [ũ **mä**diku]
einen Frauenarzt	um ginecologista [ũ sehinəkulu**sehisch**ta]
einen Kinderarzt	um pediatra [ũ pə**dja**tra]
einen Zahnarzt	um dentista [ũ dẽn**tisch**ta]
der Deutsch/Englisch spricht?	que fala alemão/inglês? [kə **fa**la alə**mãu**/ĩn**glesch**]
Kann der Arzt herkommen?	O médico pode vir cá? [u **mä**diku **po**də wir ka]
Wann hat er Sprechstunde?	A que horas dá consulta? [a kə **o**raseh da kõn**ßul**ta]
Kann ich in die Praxis kommen/hierbleiben?	Posso vir ao consultório/ficar aqui? [**po**ßu wir au kõnßul**to**riu/fi**kar**‿a**ki**]
Ich haben einen (keinen) internationalen Krankenschein.	(Não) Tenho uma credencial internacional. [(nãu) **te**nju **u**ma krədẽn**ßial** intərnaßju**nal**]

Wann kann ich kommen?	A que horas posso vir? [a kə **o**rasch **po**ßu wir]
* De que se queixa? [də kə ßə **käi**scha]	Was fehlt Ihnen?
Mir ist (oft) schlecht/ schwindelig.	Sinto-me mal /Tenho vertigens (frequentemente). [[**ßĩn**tu‿mə mal/ **te**nju wər**ti~~sch~~**ẽisch (frəkwẽntə**mẽn**tə)]
Ich bin gestürzt.	Caí. [ka**i**]
Ich habe mich übergeben.	Vomitei. [wumi**täi**]
Ich habe	**Tenho** [**te**nju]
mich erkältet	uma constipação [**u**ma kõnschtipa**ßãu**]
eine Allergie	uma alergia [**u**ma alər**~~sch~~i**a]
Durchfall	diarreia [diar**räi**a]
Grippe	a gripe [a **gri**pə]
Husten	a tosse [a **to**ßə]
Kopfschmerzen	dores de cabeça [**do**rə~~sch~~ də ka**be**ßa]
Bauchschmerzen	dores de barriga [**do**rə~~sch~~ də bar**ri**ga]
Ohrenschmerzen	dores de ouvidos [**do**rə~~sch~~ də uw**i**dusch]
Halsschmerzen	dores de garganta [**do**rə~~sch~~ də gar**gãn**ta]
eine Blasenentzündung	uma inflamação da bexiga [**u**ma ĩnflama**ßãu** da bə**schi**ga]
Herzbeschwerden	perturbações cardíacas [pərturba**ßõisch** kar**di**akasch]
(hohes) Fieber.	febre (alta). [**fä**brə (**al**ta)]
* Desde quando tem febre? [**de~~sch~~**də **kwãn**du tẽi **fä**brə]	Seit wann haben Sie Fieber?
Seit 2 Tagen.	Desde há 2 dias. [**de~~sch~~**də a doi~~sch~~ **di**asch]
* Onde lhe dói? [**õn**də ljə doi]	Wo tut es weh?
* Não é nada de grave. [nãu ä **na**da də **gra**wə]	Es ist nichts Schlimmes.
Ist der Arm/der Finger gebrochen?	O braço/O dedo está partido? [u **bra**ßu/u **de**du isch**ta** par**ti**du]
Ich glaube, das Bein ist gebrochen.	Acho que a perna está partida. [aschu kə a **pär**na isch**ta** par**ti**da]

Einnahmevorschriften

antes/depois das refeições	vor/nach den Mahlzeiten
deixar desfazer na boca	im Mund zergehen lassen
deixar dissolver na água	in Wasser auflösen
dois/três vezes por dia	2-/3-mal täglich
em jejum	nüchtern
sem mastigar	unzerkaut
uso externo/uso interno	äußerlich/innerlich

i

Ich vertrage die Hitze/das Essen nicht kein Penicillin.	**Não aguënto** [nãu a**gwẽn**tu] o calor/a comida [o ka**lor**/a ku**mi**da] a penicilina. [a pənißi**li**na]
Ich bin (im 4. Monat) schwanger.	Estou grávida (de 4 meses). [isch**to gra**wida (də **kwa**tru **me**səsch)]
Ich nehme regelmäßig Medikamente.	Tomo regularmente estes medicamentos. [**to**mu rəgular**mẽn**tə **esch**təsch mədika**mẽn**tusch]
Können Sie mir das verschreiben etwas gegen ... verschreiben?	**Pode-me** [**po**də‿mə] receitar isto [rə**ßäi**tar **isch**tu] receitar alguma coisa para ...? [rəßäi**tar** al**gu**ma **koi**sa **pa**ra]

Ärztliche Versorgung

Aids	sida [**ßi**da]
Allergie	alergia [alər**sch**ia]
ansteckend	contagioso [kõnta**schjo**su]
Antibiotikum	antibiótico [ãnti**bjo**tiku]
Aspirin	aspirina [aschpi**ri**na]
Attest	atestado médico [atəsch**ta**du **mä**diku]
Augentropfen	gotas para os olhos [**go**tasch **pa**ra us‿**o**ljusch]
Ausschlag	eczema *(m)* [ig**se**ma]
Beruhigungsmittel	calmante *(m)* [kal**mãn**tə]
Blinddarmentzündung	apendicite *(f)* [apẽndi**ßi**tə]
Blutung	perda de sangue [**pär**da də **ßãn**gə]
(Knochen-)Bruch	fractura [fra**tu**ra]
Darmkatarrh	colite *(f)* [ku**li**tə]
Desinfektionsmittel	desinfetante *(m)* [dəsĩnfä**tãn**tə]
Diabetes	diabetes *(m)* [dia**bä**təsch]
Diagnose	diagnóstico [dia**gnosch**tiku]
Eiter	pus *(m)* [pusch]
Entzündung	inflamação *(f)* [ĩnflama**ßãu**]
erbrechen	vomitar [wumi**tar**]
Erkältung	constipação *(f)* [kõnschtipa**ßãu**]
Fieber	febre *(f)* [**fä**brə]
Gehirnerschütterung	traumatismo craniano [traumatis**ch**mu kra**nja**nu]
geschwollen	inchado/-a [ĩn**scha**du/-a]
Grippe	gripe *(f)* [**gri**pə]
HIV-positiv	seropositivo/-a [särupusi**ti**wu/-a]
Hustensaft	xarope *(m)* para a tosse [scha**ro**pə **pa**ra a **to**ßə]
Impfung	vacina [wa**ßi**na]
Infektion	infecção *(f)* [ĩnfä**ßãu**]
Krankenschwester	enfermeira [ẽnfər**mäi**ra]

Beim Zahnarzt

Ich habe (starke) Zahnschmerzen.	Dóem-me (muito) os dentes. [**do**ẽi‿mə (**mũi**tu) usch **dẽn**təsch]
Ich habe eine Füllung verloren.	Perdi um chumbo. [pər**di** ũ **schũm**bu]
Können Sie	**Pode-me** [**po**də‿mə]
mich gleich behandeln	tratar já [tra**tar** ~~sch~~a]
mir ein Schmerzmittel geben?	dar um analgésico? [dar ũ anal**~~sch~~ä**siku]
Ich möchte (k)eine Spritze.	(Não) Queria uma injecção. [(nãu) kə**ri**a **u**ma ĩn~~sch~~äk**ßãu**]

Kreislaufstörung	perturbações *(f)* circulatórias [pərturba**ßõisch** ßirkula**to**riasch]
Migräne	enxaqueca *(f)* [ẽnscha**kä**ka]
Muskelzerrung	distensão *(f)* dum músculo [dischtẽn**ßãu** dũ **musch**kulu]
Ohrentropfen	gotas para os ouvidos [**go**tasch **pa**ra us‿o**wi**dusch]
Operation	operação *(f)* [upəra**ßãu**]
Patient(in)	doente *(m/f)* [du**än**tə]
Pflaster	adesivo [adə**si**wu]
röntgen	radiografar [radiugra**far**]
Salbe	pomada [pu**ma**da]
Salmonellen	salmonelas [ßalmu**nä**lasch]
Schlafmittel	dormitivo [durmi**ti**wu]
Schlangenbiss	mordedura de serpente [murdə**du**ra də ßər**pẽn**tə]
Schmerzmittel	analgésico [anal**~~sch~~ä**siku]
Schnupfen	constipação *(f)* [kõnschtipa**ßãu**]
Schweiß	suor *(m)* [ßu**or**]
Seekrankheit	enjoo [ẽn**~~sch~~o**u]
Sehnenzerrung	distensão *(f)* do tendão [dischtẽn**ßãu** du tẽn**dãu**]
Sonnenstich	insolação *(f)* [ĩnßula**ßãu**]
Spritze	injecção *(f)* [ĩn~~sch~~ä**ßãu**]
Übelkeit	náusea [**nau**sia], enjoo [ẽn**~~sch~~o**u]
Verbrennung	queimadura [käima**du**ra]
Vergiftung	intoxicação *(f)* [ĩntoxika**ßãu**]
Verstauchung	luxação *(f)* [luxa**ßãu**]
Verstopfung	obstipação *(f)* [ubschtipa**ßãu**]
Virus	vírus *(m)* [**wi**rusch]
Wunde	ferida [fə**ri**da]

Bitte reparieren Sie	**Podia tratar** [pu**di**a tra**tar**]
den Zahn	o dente [u **dẽn**tə]
die Brücke	a ponte [a **põn**tə]
die Krone	a coroa [a ku**ro**a]
die Füllung	o chumbo [u **schũm**bu]
nur provisorisch!	só provisoriamente? [ßo pruwisoria**mẽn**tə]
Ist es schlimm?	É grave? [ä **gra**wə]

Im Krankenhaus

Wo ist	**Onde fica** [**õn**də **fi**ka]
das nächste Krankenhaus	o hospital mais perto [u oschpi**tal** maisch **pär**tu]
die Ambulanz?	a ambulância? [a ãmbu**lãn**ßia]
Verständigen Sie bitte	**Por favor informe** [pur fa**wor** ĩn**for**mə]
Herrn/Frau ...	o senhor/a senhora ... [u ßə**njor**/a ßə**njo**ra]
im Hotel ...!	no hotel ...! [nu o**täl**]
Haben Sie Privatzimmer/ Zweibettzimmer?	Tem quartos privados/quartos com duas camas? [tẽi **kwar**tusch pri**wa**dusch/**kwar**tusch kõ **du**asch **ka**masch]
Wie ist die Diagnose?	Qual é o diagnóstico? [kwal ä u dia**gnosch**tiku]
Welche Behandlung/Therapie schlagen Sie vor?	Que tratamento/terapia propõe? [kə trata**mẽn**tu/təra**pia** pru**põi**]
Wie lange muss ich bleiben?	Quanto tempo tenho de ficar? [**kwãn**tu **tẽm**pu **te**nju də fi**kar**]
Wann darf ich aufstehen?	Quando posso levantar-me? [**kwãn**du **po**ßu ləwãn**tar**‿mə]
Es geht mir (nicht) besser.	(Não) Estou melhor. [(nãu) isch**to** mi**ljor**]
Ich brauche	**Preciso** [prə**ßi**su]
ein Schmerzmittel	dum analgésico [dũ anal**sehä**siku]
ein Schlafmittel.	dum soporífero. [dũ ßupu**ri**fəru]
Bin ich reisefähig?	Posso viajar? [**po**ßu wja**sehar**]
Ich möchte	**Queria** [kə**ri**a]
den Arzt sprechen	falar com o médico [fa**lar** kõ u **mä**diku]
entlassen werden	que me dêem alta [kə mə **de**ẽi **al**ta]
einen Krankenbericht	um boletim médico [ũ bulə**tĩ** **mä**diku]
eine Bestätigung	um atestado [ũ atəsch**ta**du]
für meine Krankenkasse	para a Caixa de Previdência [**pa**ra a **kai**scha də prəwi**dẽn**ßia]
für meinen Hausarzt.	para o médico de casa. [**pa**ra u **mä**diku də **ka**sa]

In der Apotheke

Ich suche eine Apotheke.	Procuro uma farmácia. [pru**ku**ru **u**ma far**ma**ßia]
Ich habe kein Rezept.	Não tenho receita. [nãu **te**nju rə**ßäi**ta]

Ich brauche
etwas gegen Husten/ gegen (Kopf-)Schmerzen
Preciso [prəßisu]
duma coisa para a tosse/para as dores (de cabeça) [**du**ma **koi**sa **pa**ra a **to**ßə/**pa**ra asch **do**rəsch (də ka**be**ßa)]

etwas gegen Sonnenbrand
duma coisa para a queimadura solar [**du**ma **koi**sa **pa**ra a käima**du**ra ßu**lar**]

für mich
para mim [**pa**ra mĩ]

für Erwachsene
para adultos [**pa**ra a**dul**tusch]

für Kinder.
para crianças. [**pa**ra kri**ãn**ßasch]

Ist das Mittel stark/mild?
O remédio é forte/suave? [u rə**mä**diu ä **for**tə/ß**ua**wə]

Wieviele Tabletten/ Wieviele Tropfen muss ich nehmen?
Quantos comprimidos/Quantas gotas tenho de tomar? [**kwãn**tusch kõmpri**mi**dusch/**kwãn**tasch **go**tasch **te**nju də tu**mar**]

Geben Sie mir bitte
eine Quittung/einen Durchschlag des Rezepts!
Por favor dê-me [pur fa**wor** de‿mə]
um recibo/uma cópia da receita! [ũ rə**ßi**bu/**u**ma **ko**pia da rə**ßäi**ta]

Feiertage und Feste

Ist heute Feiertag/Nationalfeiertag?
Hoje é dia de festa/Festa Nacional? [**o**schə ä **di**a də **fäsch**ta/**fäsch**ta naßju**nal**]

Welches Fest wird heute gefeiert?
Que festa celebra-se hoje? [kə **fäsch**ta ßə**le**bra‿ßə **o**schə]

Wann beginnt
das (Volks-)Fest
das Festprogramm
der Gottesdienst
der Umzug/die Prozession?
A que horas começa [a kə **o**rasch ku**me**ßa]
a feira (popular) [a **fäi**ra (pupu**lar**)]
o programa festivo [u pru**gra**ma fəsch**ti**wu]
a missa [a **mi**ßa]
o cortejo/a procissão? [u kur**te**schu/a prußi**ßãu**]

Wie lange wird es dauern?	Quanto tempo durará? [**kwãn**tu **tẽm**pu dura**ra**]
Wo findet die Veranstaltung statt?	Onde tem lugar o espectáculo? [**õn**də tẽi lu**gar** u ischpä**ta**kulu]

Geld und Währung

Kann ich hier mit ... bezahlen?	**Posso pagar aqui com** [**po**ßu pa**gar‿aki** kõ]
Eurocheques	eurocheques [euro**schä**kəsch]
Travellerschecks	cheques de viagem [**schä**kəsch də **wja**sch**ẽi**]
Kreditkarte	cartão de crédito? [kar**tãu** də **krä**ditu]
(Wo) Gibt es hier	**(Onde) Há por aqui** [(**õn**də) a pur‿a**ki**]
eine Bank	um banco [ũ **bãn**ku]
eine Wechselstube	uma casa de câmbio [**u**ma **ka**sa də **kãm**biu]
ein Postamt	um correio [ũ ku**rräi**u]
einen Geldautomaten?	um multibanco? [ũ multi**bãn**ku]
Wann/Wie lange hat die Bank geöffnet?	A/Até que horas está aberto o banco? [a/a**tä** kə **o**ras‿isch**ta** a**bär**tu u **bãn**ku]
Kann ich Geld vom Postsparbuch abheben?	Posso levantar dinheiro da minha caderneta de poupança dos correios? [**po**ßu ləwãn**tar** di**njäi**ru da **mi**nja kadər**ne**ta de po**pãn**ßa dusch ku**rräi**usch]
* Quanto queria? [**kwãn**tu kə**ri**a]	Wieviel möchten Sie?
30 000 Escudos.	30 000 escudos. [**trĩn**ta mil isch**ku**dusch]
Wie ist der aktuelle Wechselkurs?	Como é a taxa de câmbio actual? [**ko**mu ä a **ta**scha də **kãm**biu atu**al**]
Welchen Betrag bekomme ich höchstens pro Scheck?	Qual é a quantia máxima por cheque? [kwal ä a kwãn**ti**a **ma**xima pur **schä**kə]
Wie hoch ist die Gebühr	**Qual é o montante da taxa** [kwal ä u mõn**tãn**tə da **ta**scha]
pro Scheck	por cheque [pur **schä**kə]
pro Überweisung?	por transferência? [pur trãnschfə**rẽn**ßia]
Ich möchte 100 DM/ 1000 Schilling/ 100 Schweizer Franken in Escudos wechseln.	Queria cambiar 100 marcos/ 1000 xelins/ 100 francos suíços em escudos. [kə**ri**a kãm**bjar** ßẽi **mar**kusch/mil schə**lĩnsch**/ ßẽi **frãn**kusch ßu**i**ßus‿ẽi isch**ku**dusch]
Geben Sie mir bitte auch Münzen!	Dê-me também moedas, faz favor. [de‿mə tãm**bẽi** mu**ä**dasch fasch fa**wor**]
* O seu cartão de cheques, faz favor. [u ßeu kar**tãu** də **schä**kəsch fasch fa**wor**]	Ihre Scheckkarte, bitte!
* Assine aqui, por favor. [a**ßi**nə a**ki** pur fa**wor**]	Bitte unterschreiben Sie hier!
Ist meine Bank-/Postanweisung eingetroffen?	Chegou a minha transferência bancária/postal? [schə**go** a **mi**nja trãnschfə**rẽn**ßia bãn**ka**ria/pusch**tal**]

Kriminalität, Polizei

Wo ist das nächste Polizeirevier?	Onde fica a próxima esquadra da polícia? [õndə **fi**ka a **pro**ßima ischk**wa**dra da puli**ß**ia]
Rufen Sie bitte die Polizei!	Chame a polícia, faz favor! [**scha**mə a pu**li**ßia fasch fa**wor**]
Man hat mich bestohlen.	Roubaram-me. [ro**ba**rãu‿mə]
Ich bin ... überfallen worden.	**Assaltaram-me** [aßal**ta**rãu‿mə]
auf der Straße/am Strand	na rua/na praia. [na **ru**a/na **pra**ja]
Dieser Mann belästigt mich/verfolgt mich.	Este homem está-me a importunar/a perseguir. [**esch**tə **o**mẽi isch**ta**‿mə a ĩmpurtu**nar**/a pərßə**gir**]
Mein Auto ist aufgebrochen worden.	O meu carro foi arrombado. [u meu **ka**rru foi arrõm**ba**du]
... ist gestohlen worden!	**Roubaram-me** [ro**ba**rãu‿mə]
Mein Pass	o meu passaporte [u meu paßa**por**tə]
Mein Auto	o meu carro [u meu **ka**rru]
Mein Fahrrad	a minha bicicleta [a **mi**nja bißi**klä**ta]
Meine Brieftasche	a minha carteira [a **mi**nja kar**täi**ra]
Mein Fotoapparat	a minha máquina fotográfica [a **mi**nja **ma**kina futu**gra**fika]
Meine Handtasche	a minha mala de mão [a **mi**nja **ma**la də mãu]
Meine Schecks/Meine Scheckkarte	os meus cheques/o meu cartão de cheques [usch meu~~seh~~ **schä**kəsch/u meu kar**tãu** də **schä**kəsch]
Meine Armbanduhr	o meu relógio. [u meu rə**lo**~~seh~~iu]
Ich möchte ... anzeigen.	**Quero participar** [**kä**ru partiß**ipar**]
einen Diebstahl	um roubo [ũ **ro**bu]
einen Betrug	uma fraude [**u**ma **frau**də]
einen Überfall	um assalto [ũ a**ßal**tu]
eine Vergewaltigung	uma violação. [**u**ma wiula**ßãu**]
Ich möchte ... sprechen.	**Queria falar** [kə**ri**a fa**lar**]
mit einem Anwalt	com um advogado [kõ ũ adwu**ga**du]
mit der deutschen/österreichischen/Schweizer Botschaft	com a embaixada alemã/austríaca/suíça. [kõ a ẽmbai**scha**da (alə**mã**/ausch**tri**aka/ßuiß**a**)]
Spricht hier jemand Deutsch/Englisch?	Há aqui alguém que fala alemão/inglês? [a **a**ki al**gẽi** kə **fa**la alə**mãu**/ĩn**glesch**]
Ich brauche	**Preciso** [prə**ßi**su]
einen Dolmetscher	dum intérprete [dũ ĩn**ter**pretə]
eine Bescheinigung für meine Versicherung.	dum documento para o meu seguro. [dũ duku**mẽn**tu **pa**ra u meu ßə**gu**ru]
Ich bin nicht schuld.	Eu não tenho a culpa. [eu nãu **te**nju a **kul**pa]
Damit habe ich nichts zu tun.	Não tenho nada a ver com isso. [nãu **te**nju **na**da a wer kõ **i**ßu]

* Quando/Onde aconteceu? [**kwãn**du/**õn**də akõntə**ßeu**]	Wann/Wo ist es passiert?
* Preencha isto, faz favor. [pri**ẽn**scha **isch**tu fasch fa**wor**]	Füllen Sie das bitte aus!
* O seu endereço aqui, faz favor. [u ßeu ẽndə**re**ßu a**ki** fasch fa**wor**]	Ihre Adresse hier bitte!

Notruf, Notfall

▶ **(Siehe auch Panne, Unfall, S. 24, und Im Krankenhaus, S. 76.)**

* Atenção! [atẽn**ßãu**]	Achtung!
* Perigo (de morte)! [pə**ri**gu (də **mor**tə)]	(Lebens-)Gefahr!
* Saída de emergência [ßa**i**da də imər~~seh~~**ẽn**ßia]	Notausgang
Hilfe!	Socorro! [ßu**ko**rru]

Öffnungszeiten

Wann öffnet/schließt	**A que horas abre/fecha** [a kə **o**ras‿**a**brə/**fe**scha]
der Supermarkt	o supermercado [u ßupərmər**ka**du]
das Kaufhaus	o grande armazém [u **grãn**də arma**sẽi**]
das Geschäft	a loja [a **lo**~~seh~~a]
die Bank	o banco [u **bãn**ku]
das Postamt	o correio [u ku**rräi**u]
das Museum	o museu [u mu**seu**]
die Kirche?	a igreja? [a i**gre**~~seh~~a]
Haben Sie mittags geöffnet?	Está aberto ao meio-dia? [isch**ta** a**bär**tu au **mäi**u‿**di**a]
Haben Sie einen Ruhetag?	Tem um dia de descanso? [tẽi ũ **di**a də dəsch**kãn**ßu]

Post

Wo ist hier bitte	**Faz favor, onde é** [fasch fa**wor** **õn**də ä]
die Post	o correio [u ku**rräi**u]
ein Briefkasten?	um marco de correio? [ũ **mar**ku də ku**rräi**u]
Ich möchte	**Queria** [kə**ri**a]
10 Briefmarken/Sondermarken	10 selos/selos especiais [däsch **ße**lusch/**ße**lus‿ischpə**ßjaisch**]
für Karten/Briefe	para postais/cartas [**pa**ra pusch**taisch**/**kar**tasch]
nach Deutschland/nach Österreich/in die Schweiz	para a Alemanha/para a Áustria/para a Suiça [**pa**ra a alə**ma**nja/**pa**ra a **ausch**tria/**pa**ra a **ßui**ßa]
eine Telefonkarte, bitte.	um cartão de credifone, faz favor. [ũ kar**tãu** də krädi**fo**nə fasch fa**wor**]
Per Luftpost.	Por avião. [pur a**wjãu**]

Per Express. — Por expresso. [pur isch**prä**ßu]

Per Einschreiben. — Registado. [rə~~sch~~isch**ta**du]

* Posta restante. [**posch**ta rəsch**tãn**tə] — Postlagernd.

Ist Post für mich da? — Há correio para mim? [a ku**rräi**u **pa**ra mĩ]

Ich möchte ein Päckchen/ein Telegramm aufgeben. — Queria mandar uma encomenda postal/um telegrama. [kə**ria** mãn**dar** **u**ma ẽnku**mẽn**da pusch**tal**/ũ tələ**gra**ma]

Wieviel kosten 10 Wörter? — Quanto custam 10 palavras? [**kwãn**tu **kusch**tãu däsch pa**la**wrasch]

Kann ich hier ein Telefax nach ... abschicken? — Posso mandar aqui um telefax para ...? [**po**ßu mãn**dar**‿**a**ki ũ tələ**fax** **pa**ra]

Wieviel kostet eine Seite? — Quanto custa uma página? [**kwãn**tu **kusch**ta **u**ma **pa**~~sch~~ina]

Radio und Fernsehen

Auf welcher Frequenz kann man ... empfangen? — **Em que frequência é possível perceber ...** [ẽi kə frə**kwẽn**ßia ä pu**ßi**wäl pər**ßə**ber]

den Verkehrsfunk — informações sobre o trânsito [ĩnfurma**ßõisch** **ßo**brə u **trãn**situ]

deutsche/englische Radiosendungen — emissões em alemão/inglês? [imi**ßõis**‿ẽi alə**mãu**/ĩn**glesch**]

Um wieviel Uhr gibt es Nachrichten? — A que horas há notícias? [a kə **o**ras‿a nu**ti**ßiasch]

Haben Sie ein Fernsehprogramm? — Tem um programa de televisão? [tẽi ũ pru**gra**ma də tələwi**sãu**]

Welche Programme sind zu empfangen? — Que programas há? [kə pru**gra**mas‿a]

Telefonieren

(Wo) Kann ich hier telefonieren eine Telefonkarte kaufen?	**(Onde) Posso** [(õndə) **po**ßu] telefonar aqui [tələfu**nar** a**ki**] comprar um cartão de credifone? [kum**prar** ũ kar**tãu** də krädi**fo**nə]
Gibt es hier eine Telefonzelle ein öffentliches Telefon ein Münz-/Kartentelefon eine Telefonzelle, in der ich angerufen werden kann?	**Há por aqui** [a pur‿a**ki**] uma cabina telefónica [**u**ma ka**bi**na tələ**fo**nika] um telefone [ũ tələ**fo**nə] um telefone de moedas/de cartões [ũ tələ**fo**nə də muädasch/də kar**tõisch**] uma cabina telefónica onde posso ser chamado/-a? [**u**ma ka**bi**na tələ**fo**nika **õn**də **po**ßu ßer scha**ma**du/-a]
Ich möchte nach Deutschland/ nach Österreich/in die Schweiz telefonieren.	Queria fazer uma chamada para a Alemanha/ para a Áustria/para a Suíça. [kə**ria** fa**ser u**ma scha**ma**da **pa**ra a alə**ma**nja/ **pa**ra a **ausch**tria/para a ßui**ß**a]
Kann ich durchwählen?	Posso ligar directamente? [**po**ßu li**gar** dirätam**ẽn**tə]
Können Sie bitte wechseln?	Pode-me trocar, faz favor? [**po**də‿mə tru**kar** fasch fa**wor**]
Ich brauche Münzen zum Telefonieren.	Preciso de moedas para telefonar. [prə**ßi**so də muädasch **pa**ra tələfu**nar**]
Haben Sie ein Telefonbuch von …?	Tem uma lista telefónica de …? [tẽi **u**ma **lisch**ta tələ**fo**nika də]
Bitte ein (Fern-)Gespräch nach …!	Queria uma chamada para … [kə**ria u**ma scha**ma**da **pa**ra]
Wie lange muss ich warten?	Tenho de esperar muito? [**te**nju də ischpə**rar muĩ**tu]
Was kostet eine Minute?	Quanto custa um minuto? [**kwãn**tu **kusch**ta ũ mi**nu**tu]
Gibt es einen günstigen Nachttarif?	Há uma tarifa de noite mais barata? [a **u**ma ta**ri**fa də **noi**tə mai~~sch~~ ba**ra**ta]
Ich möchte ein R-Gespräch anmelden.	Queria pedir uma chamada a pagar pelo destinatário. [kə**ria** pə**dir u**ma scha**ma**da a pa**gar pe**lu dəschtina**ta**riu]
* Impedido. [ĩmpə**di**du]	Besetzt!
Es meldet sich niemand.	Ninguém responde. [nĩn**gẽi** rəsch**põn**də]
* Estou!/Está lá! [isch**to**/isch**ta** la]	Hallo!
Guten Tag, hier spricht …	Bom dia, sou … [bõ **dia** ßo]

Kann ich Herrn/Frau ... sprechen?	Posso falar com o senhor/a senhora ...? [poßu fa**lar** kõ u ßə**njor**/a ßə**njo**ra]
* É o próprio *(m)* / a própria *(f)*. [ä u **pro**priu/a **pro**pria]	Am Apparat.
* Lamento, mas ele/ela não está. [la**mẽn**tu mas‿**e**lə/ **ä**la nãu isch**ta**]	Er/Sie ist leider nicht da.
Sprechen Sie Deutsch/ Englisch?	Fala alemão/inglês? [**fa**la alə**mãu**/ĩn**glesch**]
Wann ist er/sie zu sprechen?	Quando é que está? [**kwãn**du ä kə isch**ta**]
Ich rufe später wieder an.	Vou chamar outra vez. [wo scha**mar** **o**tra wesch]
Richten Sie bitte aus, dass ich angerufen habe.	Faz favor, diga-lhe que telefonei. [fasch fa**wor** **di**ga‿ljə kə tələfu**näi**]
Meine Nummer ist ...	O meu número é ... [u meu **nu**məru ä]

Toiletten

Wo ist die Toilette bitte?	Onde é a casa de banho, faz favor? [**õn**də ä a **ka**sa də **ba**nju fasch fa**wor**]
Gibt es hier eine öffentliche Toilette?	Há uma casa de banho pública por aqui? [a **u**ma **ka**sa də **ba**nju **pu**blika pur‿**aki**]
* Senhoras/Homens [ßə**njo**rasch/**õ**mẽisch]	Damen/Herren

Trinkgeld

Ist der Service im Preis inbegriffen?	O serviço está incluído? [u ßər**wi**ßu isch**ta** ĩnklu**i**du]
Wieviel Trinkgeld ist üblich?	Quanto é que se da de gorjeta? [**kwãn**tu ä kə ßə da də gur**sche**ta]
Das ist für Sie! Es stimmt so!	É para si. [ä **pa**ra ßi] Fica assim. [**fi**ka a**ßĩ**]

Telefonieren – Geldautomaten

Telefonieren klappt am besten mit einer Telefonkarte, **cartão de credifone** [kar**tãu** də krädi**fo**nə], die Sie in Postämtern, an Kiosken sowie in Tabakgeschäften kaufen können. Kartentelefone erkennen Sie an der Aufschrift **Credifone.**

Die Vorwahl für Deutschland ist 00 49, für die Schweiz 00 41 und für Österreich 00 43. Den landesweiten **Notruf** erreichen Sie unter 1 12.

Am Geldautomaten – **Multibanco,** abgekürzt **MB** – kommen Sie am leichtesten und zudem gebührengünstig an Ihr Geld. Die ec-Karte mit Geheimnummer genügt.

Ein Tipp: Portugiesen rechnen statt in 1000-Escudo-Beträgen in **contos** [**kõn**tusch]. 5000 Escudos sind nach dieser Rechenart **cinco contos** [**ßĩn**ku **kõn**tusch], 15 000 Escudos wären dann **quinze contos** [**kĩn**sə **kõn**tusch].

Reisewörterbuch Deutsch-Portugiesisch

A

Abend a tarde [**tar**də] 18
Abendessen o jantar [~~sch~~ãn**tar**] 40, 41, 44
Abfahrt, Abflug a partida [par**ti**da] 27, 28, 30
Abteil o compartimento [kõmparti**mẽn**tu] 28
Adresse o endereço [ẽndə**re**ßu]
allein só [ßo]
alles tudo [**tu**du]
alt velho/-a [**wä**lju/-a]
Alter a idade [i**da**də] 14
Ampel o semáforo [ßə**ma**furu]
anderer/andere outro/-a [**o**tru/-a]
anders diferente [difə**rẽn**tə]
Angst o medo [**me**du] 79, 80
anstrengend fatigante [fati**gãn**tə]
Antiquitäten as antiguidades [ãntigwi**da**dəsch] 69
Anwalt/Anwältin o/a advogado/-a [adwu**ga**du/-a] 79
Anzug o fato [**fa**tu] 66
Apotheke a farmácia [far**ma**ßia] 76
Arbeit o trabalho [tra**ba**lju] 14
Arena *(Stierkampf)* a praça de touros [**pra**ßa də **to**rusch] 57, 59
Arm o braço [**bra**ßu] 72
arm pobre [**po**brə]
Arzt/Ärztin o/a médico/-a [**mä**diku/-a] 72, 74
Aufenthalt a estadia [ischta**di**a]
Aufzug o elevador [iləwa**dor**] 29, 38
Ausfahrt, Ausgang a saída [ßa**i**da]
Ausflug a excursão [äischkur**ßãu**] 52
Auskunft a informação [ĩnfurma**ßãu**] 49
Ausländer/Ausländerin o/a estrangeiro/-a [ischtrãn~~sch~~**äi**ru/-a] 14
Aussicht a vista [**wisch**ta] 49, 50
Ausverkauft! Esgotado! [ischgu**ta**du] 57
Ausweis o bilhete de identidade [bi**lje**tə də idẽnti**da**də] 21, 79
Auto o carro [u **ka**rru] 22, 26
Autobahn (gebührenpflichtig) a auto-estrada (de portagem) [autu‿ischt**ra**da (də pur**ta**~~sch~~ẽi)] 22, 33

B

Baby o bebé [bä**bä**] 72, 74
Babyfläschchen o biberão [bibə**rãu**] 70
Bad o banho [**ba**nju]
Badeanzug o fato de banho [**fa**tu də **ba**nju] 66
Badehose o calção de banho [kal**ßãu** də **ba**nju] 66
Bäckerei a padaria [pada**ri**a] 62, 64
Bahnhof a estação [ischta**ßãu**] 28, 30
Bahnsteig o gare [**ga**rə] 28, 30
Ball a bola [**bo**la] 53, 54
Bank o banco [**bãn**ku] 78, 83
Bargeld o dinheiro contado [di**njäi**ru kõn**ta**du] 78, 83
Batterie a pilha [**pi**lja] 68
Batterie *(Auto)* a bateria [batə**ri**a] 26, 27
Bauer/Bäuerin o camponês/a camponesa [kãmpu**nesch**/kãmpu**ne**sa]
Baum a árvore [**ar**wurə] 56
Baumwolle o algodão [algu**dãu**] 66
Bedienung o serviço [ßər**wi**ßu] 40, 61
behindert deficiente [dəfi**ßjẽn**tə]
Bein a perna [**pär**na] 72
Benzin a gasolina [gasu**li**na] 24
Berg a montanha [mõn**ta**nja] 56
Beruf a profissão [prufi**ßãu**] 14
Bescheinigung o certificado [ßərtifi**ka**du] 21, 72
Beschwerde a queixa [**käi**scha] 34, 43
besetzt ocupado/-a [uku**pa**du/-a]
Besichtigung a visita [wi**si**ta] 49, 50
Besitzer/-in o/a dono/-a [**do**nu/-a]
Besteck o talher [ta**ljär**] 40, 43
betrunken embriagado/-a [ẽmbria**ga**du/-a]
Bett a cama [**ka**ma] 32, 38
Bier a cerveja [ßər**we**~~sch~~a] 48
Bild o quadro [**kwa**dru] 50

billig barato/-a [baratu/-a]
bisschen, ein um pouco [ũ poku]
bitte faz favor [fasch fawor]; por favor [pur fawor] 14
bitte *(keine Ursache)* de nada [də nada] 14
Blitz o relâmpago [rəlãmpagu] 20
Blitz *(Foto)* o flash [fläsch] 68
Blume a flor [flor] 56, 61
Blut o sangue [ßãngə] 72
Boden o solo [ßolu]
böse mau/má [mau/ma]
Boot o barco [barku] 53
Botschaft a embaixada [ẽmbaischada] 79
Brief a carta [karta] 80
Briefkasten o marco do correio [marku du kurräiu] 80
Briefmarke o selo [ßelu] 80
Brieftasche a carteira [kartäira] 78, 79
Brille os óculos [okuluschl] 70
Bruder o irmão [irmãu] 12
Brücke a ponte [põntə]
Buch o livro [liwru] 64
Buchhhandlung a livraria [liwraria] 64
Bucht a baía [baia] 53
Burg o castelo [kaschtälu] 50, 52
Bus o autocarro [autukarru] 27, 28

C

Café o café [kafä] 40, 42, 44
Campingplatz o parque de campismo [parkə də kãmpisehmu] 36
Charterflug o voo charter [wou tscharter] 30
Cousin/-e o/a primo/-a [primu/-a] 12

D

daheim em casa [ẽi kasa]
Damen senhoras [ßənjorasch]
danke obrigado/-a [ubrigadu/-a] 14
Datum a data [data] 18
Decke a coberta [kuberta] 38
Decke *(Zimmer)* o tecto [tätu] 38
defekt avariado/-a [awarjadu/-a]
Deodorant o desodorizante [dəsudurisãntə] 71
deutsch alemão/alemã [aləmãu/aləmã]
Deutsche Mark o marco alemão [marku aləmãu] 78, 83
Deutscher/Deutsche o alemão/a alemã [aləmãu/aləmã] 12
Deutschland a Alemanha [aləmanja] 12
dick gordo/-a [gordu/-a]
Diebstahl o roubo [robu] 79
Dienstag a terça-feira [terßa‿fäira] 19
dieser/diese este/esta [eschtə/äschta]
Diesel o gasóleo [gasoliu] 24
Ding a coisa [koisa]
direkt directo/-a [dirätu]
Direktor/-in o/a director/-a [dirätor/-a]
Diskothek a discoteca [dischkutäka] 58
Dolmetscher/Dolmetscherin o/a intérprete [interprətə] 13, 79
Donnerstag a quinta-feira [kĩnta‿fäira] 19
Dorf a aldeia [aldäia] 50, 52
dringend urgente [ursehẽntə]
Drogerie a drogaria [drugaria] 70, 71
dünn magro/-a [magru/-a]
dunkel escuro/-a [ischkuru/-a]
Durchgang a passagem [paßasehẽi] 23
Durst a sede [ßedə] 48
Dusche o chuveiro [schuwäiru]; o duche [duschə] 32, 38

E

Ehefrau a mulher [muljär]; a esposa [ischposa] 12
Ehemann o marido [maridu]; o esposo [ischposu] 12
Eingang a entrada [ẽntrada]
einkaufen fazer compras [faser kõmprasch] 61
Eintrittskarte o bilhete [biljetə]; a entrada [ẽntrada] 57
einverstanden de acordo [də akordu]
Einwohner/Einwohnerin o/a habitante [abitãntə]
Elektrogeräte os electrodomésticos [os ilätrudumäschtikusch] 68
Eltern os pais [paisch] 12
Endstation a estação-términus [ischtaßãu‿tärminusch] 27, 28
England a Inglaterra [ĩnglatärra] 12
englisch inglês/inglesa [ĩnglesch/ĩnglesa] 13
Enkel/-in o/a neto/-a [nätu/-a] 12
Entschuldigung! Desculpe! [dəschkulpə] 14
Erde a terra [terra]
Erdgeschoss o rés-do-chão [räseh‿du‿schãu] 32
erschöpft esgotado/-a [ischgutadu]

Erwachsener/Erwachsene o/a adulto/-a [adultu/-a]
Erziehung a educação [idukaßäu]
Esel o burro [burru]
essbar comestível [kuməschtiwäl]
Essen a comida [kumida] 40, 42, 44

F

Fabrik a fábrica [fabrika]
Fahrer o condutor [kõndutor] 27, 28
Fahrkarte o bilhete [biljetə] 27, 28
Fahrplan o horário [urariu] 27, 28
Fahrrad a bicicleta [bißikläta] 22, 26
falsch falso/-a [falßu/-a]
Familie a familia [familia] 12
Farbe a cor [kor] 20, 66
faul perguiçoso/-a [pərgißosu/-a]
Fehler a falta [falta] 27
Feiertag o dia de festa [dia də feschta] 77
Feld o campo [kãmpu]
Ferien as férias [färiasch]
fertig pronto/-a [prõntu/-a]
Fest a festa [fäschta] 60, 77
feucht húmido/-a [umidu/-a]
Feuer o fogo [fogu] 80
Feuerlöscher o extintor de incêndios [äischtĩntor də ĩnßẽndiusch] 80
Feuerwehr os bombeiros [bõmbäirusch] 80
Finger o dedo [dedu] 72
Firma a empresa [ẽmpresa]
Fischgeschäft a peixaria [päischaria] 45, 61
Flasche a garrafa [garrafa] 48, 61
Flaschenöffner o abridor de garrafas [abridor də garrafasch] 61
Flirt o namorico [namuriku] 12, 14
Flohmarkt a feira [fäira] 69
Flug o voo [wou] 30
Flughafen o aeroporto [aäruportu] 30
Fluss o rio [riu] 56
Formular o impresso [ĩmpreßu] 21, 78, 79
Fotoapparat a máquina fotográfica [makina futugrafika] 68
Frage a pergunta [pərgũnta] 17
Frau a mulher [muljär] 12
frei livre [liwrə]
Freitag a sexta-feira [ßäischta‿fäira] 19
Fremdenverkehrsamt a delegação de turismo [dələgaßäu də turischmu] 49
Freund/Freundin o/a amigo/-a [amigu/-a] 12
frisch fresco/-a [freschku/-a]
Friseur/Friseuse o/a cabeleireiro/-a [kabəläiräiru/-a]
früh cedo [ßedu]
Frühling a primavera [primawära] 19
Frühstück o pequeno almoço [pəkenu almoßu] 40, 41, 44
Führerschein a carta de condução [karta də kõndußäu] 21, 79
Führung a visita guiada [wisita giada] 49, 52
Fundbüro o depósito de objectos achados [dəpositu də ubschätus‿aschadusch] 79
Fuß o pé [pä] 72
Fußball o futebol [futəbol] 54
Fußgänger o peão [piãu] 23

G

Gabel o garfo [garfu] 40, 43
Garage a garagem [garaschẽi] 24, 32
Garten o jardim [schardĩ]
geboren nascido/-a [naschßidu/-a]
Gebühr a taxa [tascha] 78
Geburtstag o aniversário [aniwərßariu]
Gefahr o perigo [pərigu] 23, 54, 80
gehen ir [ir]
Geld o dinheiro [dinjäiru] 78, 83
Geldbeutel o porta-moedas [porta‿muädasch] 78, 79
Geldwechsel o câmbio [kãmbiu] 78, 83
Gemüse a hortaliça [ortalißa] 62
geöffnet aberto/-a [abärtu/-a]
Gepäck a bagagem [bagaschẽi] 29, 30
Gepäckaufbewahrung o depósito de bagagens [dəpositu də bagaschẽisch] 30
geradeaus em frente [ẽi frẽntə]
Gericht *(Essen)* o prato [pratu] 40, 44
Geruch o cheiro [schäiru] 44
Geschenk o presente [prəsẽntə] 67, 69
geschlossen fechado/-a [fəschadu/-a]
Geschwindigkeit a velocidade [wəlußidadə] 19
gesund são/sã [ßãu/ßã]
Getränk a bebida [bəbida] 48
getrennt separado/-a [ßəparadu/-a]
Gewicht o peso [pesu]
Gewitter a trovoada [truwuada] 20
giftig venenoso/-a [wənənosu/-a]

Glas *(Scheibe)* o vidro [**wi**dru]
Glas *(Trink-)* o copo [**ko**pu] 48
glücklich feliz [fə**lisch**]
Grad o grau [grau] 20
Gramm o grama [**gra**ma]
gratulieren felicitar [fəlißi**tar**]
Grenze a fronteira [frõn**täi**ra] 21
groß grande [**grãn**də]
Großmutter a avô [a**wo**] 12
Großvater o avó [a**wo**] 12
Gruppe o grupo [**gru**pu]
gültig válido/-a [**wa**lidu/-a]
Gürtel/Gurt o cinto [**ßĩn**tu] 66
gut bom/boa [bõ/**bo**a]

H

Haar o cabelo [ka**be**lu]
hässlich feio/-a [**fäi**u/-a]
Hafen o porto [**por**tu] 31
halb meio/-a [**mäi**u/-a]
Hallo! Olá! [o**la**] 12
Halt! Alto! [**al**tu]
Haltestelle a paragem [pa**ra**~~seh~~ẽi] 27
Handschuhe as luvas [**lu**wasch] 66
Handtasche a carteira [kar**täi**ra] 61, 79
Handtuch a toalha [tu**a**lja] 38, 61
hart duro/-a [**du**ru/-a]
Haus a casa [**ka**sa] 35
Haushaltswaren os artigos domésticos [arti**gu**~~seh~~ du**mäsch**tikusch] 61, 68, 70
Heimat a pátria [**pa**tria] 12
heiß quente [**kẽn**tə]
heißen chamar-se [scha**mar**‿ßə]
Heizung o aquecimento [akəßi**mẽn**tu] 38
helfen ajudar [a~~seh~~u**dar**]
hell claro/-a [**kla**ru/-a]
Hemd a camisa [ka**mi**sa] 66
Herbst o outono [o**to**nu] 19
Herein! Entre! [**ẽn**trə]
Herr o senhor [ßə**njor**]
Hilfe! Socorro! [ßu**ko**rru] 79, 80
Himmel o céu [**ßäu**] 20
hoch alto/-a [**al**tu/-a]
Hochzeit o casamento [kasa**mẽn**tu]
hoffen esperar [ischpə**rar**]
Holz a madeira [ma**däi**ra]
Hose as calças [**kal**ßasch]
Hotel o hotel [o**täl**] 32, 33, 38
hübsch bonito/-a [bu**ni**tu/-a]
Hund o cão [**kãu**] 32, 35
Hunger a fome [**fo**mə] 40, 44, 62
Hut o chapéu [scha**päu**] 66

I

Imbiss a merenda [mə**rẽn**da] 40, 44
immer sempre [**ßẽm**prə]
inklusiv incluído/-a [ĩnklu**i**du/-a]
Insel a ilha [**i**lja]
interessant interessante [ĩntərə**ßãn**tə]

J

ja sim [**ßĩ**]
Jacke o casaco [ka**sa**ku] 66
Jahr o ano [**a**nu] 18
Jahreszeit a estação [ischta**ßãu**] 18
Jeans as jeans [d~~seh~~inß] 66
Jogginganzug o fato de treino [**fa**tu də **träi**nu] 66
Jugendherberge a pousada de juventude [po**sa**da də ~~seh~~uwẽn**tu**də] 38
jung jovem [**~~seh~~o**wẽi]
Junge o rapaz [ra**pasch**]
Junggeselle o solteiro [ßol**täi**ru] 14

K

Kabine a cabina [ka**bi**na] 31
Kabine *(Schiff)* o camarote [kama**ro**tə]
kalt frio/-a [**fri**u/-a]
Kamera a câmara [**ka**mara] 68, 79
Kamm o pente [**pẽn**tə] 71
kaputt estragado/-a [ischtra**ga**du]
Kasse a caixa [**kai**scha] 28, 31, 78
Kathedrale a catedral [katə**dral**]; a sé [sä] 50, 52
Katze o gato [**ga**tu] 32, 35
kaufen comprar [kõm**prar**]
Kaufhaus o armazém grande [arma**sẽi** **grãn**də] 61, 80
Kaution a caução [kau**ßãu**]
Kellner/Kellnerin o/a criado/-a [kri**a**du/-a] 40
Kilo o quilo [**ki**lu]
Kilometer o quilómetro [ki**lo**mətru]
Kind a criança [kri**ãn**ßa]
Kino o cinema [ßi**ne**ma] 57
Kiosk o quiosque [**kjosch**kə] 61
Kirche a igreja [i**gre**~~seh~~a] 52, 80
Kissen a almofada [almu**fa**da] 38
klar claro/-a [**kla**ru/-a]
Kleid o vestido [wəsch**ti**du] 66
Kleidung a roupa [**ro**pa] 66
klein pequeno/-a [pə**ke**nu/-a]
Klimaanlage o ar condicionado [ar kõndißju**na**du] 38
Kloster o mosteiro [musch**täi**ru]

Kneipe a tasca [**tasch**ka] 40
Knopf o botão [bu**tãu**] 66
Koch/Köchin o/a cozinheiro/-a [kusi**njäi**ru/-a] 40
Körper o corpo [**kor**pu] 72
Koffer a mala [**ma**la] 28, 30, 32
Kofferkuli o carrinho de bagagem [ka**rri**nju də ba**gaseh**ẽi] 28, 30
Konditorei a pastelaria [paschtəla**ria**] 61
Kondom o preservativo [prəsərwa**ti**wu] 71, 76
Konzert o concerto [kõn**ßer**tu] 57, 58
Kopf a cabeça [ka**be**ßa] 72
Korkenzieher o saca-rolhas [ßaka‿**ro**ljasch] 61
Kosmetiksalon o salão de beleza [ßa**lãu** də bə**le**sa]
kosten custar [kusch**tar**]
krank doente [du**ẽn**tə]
Krankenhaus o hospital [oschpi**tal**] 76
Krankenwagen a ambulância [ãmbu**lãn**ßia] 24, 76
Krawatte a gravata [gra**wa**ta] 66
Kreditkarte o cartão de crédito [kar**tãu** də **krä**ditu] 43, 61, 78
Kreuzfahrt o cruzeiro [kru**säi**ru] 31, 52
küssen beijar [bäi**sehar**]
Küste a costa [**kosch**ta] 53
Kultur a cultura [kul**tu**ra] 49, 57
Kunsthandwerk o artesanato [artəsa**na**tu] 69
kurz curto/-a [**kur**tu/-a]
Kuss o beijo [**bäi**sehu]

L

Laden a loja [**lo**seha] 61
Lärm o barulho [ba**ru**lju]
Land o país [pa**isch**]
Landgut a quinta [**kĩn**ta] 32
Landkarte o mapa [**ma**pa] 49, 52, 56
Landschaft a paisagem [pai**sa**sehẽi] 56
Landstraße a estrada (nacional) [isch**tra**da (naßju**nal**)]
Landung a aterragem [atə**rra**sehẽi] 30, 31
lang comprido/-a [kõm**pri**du/-a]
langsam lento/-a [**lẽn**tu/-a]
langweilig aborrecido/-a [aburrə**ßi**du/-a]
Lastwagen o camião [ka**mjãu**] 22, 26

laut *(Stimme)* alto/-a [**al**tu/-a]
Lebensmittel os géneros alimentícios [**seh**änərus‿alimẽn**ti**ßiusch] 62, 64
Leder o couro [**ko**ru] 66, 69
ledig solteiro/-a [ßol**täi**ru/-a] 14
leer vazio/-a [wa**si**u/-a]
leicht *(einfach)* fácil [**fa**ßil]
leicht *(Gewicht)* leve [**lä**wə]
Leinen o linho [**li**nju] 66
Leute a gente [**schẽn**tə]
Licht a luz [lusch] 26, 38, 68
Liebe o amor [a**mor**] 14
lieben amar [a**mar**]
Liegestuhl a cadeira de repouso [ka**däi**ra də rə**po**su] 53, 55
Liegewagen o vagão-couchette [wa**gãu**‿ku**schät**tə] 28
Linienflug o voo de linha [**wo**u də **li**nja] 30
links à esquerda [a isch**ker**da]
Lippenstift o batom [ba**tõ**] 71
Löffel a colher [ku**ljär**] 40, 43
Luft o ar [ar]
Luftmatratze o colchão pneumático [kul**schãu** pneu**ma**tiku] 53, 55, 61

M

Mädchen a rapariga [rapa**ri**ga]
Mahlzeit a refeição [rəfäi**ßãu**] 40, 44
Make-up a maquilhagem [maki**lja**sehẽi] 71
Mann o homem [**o**mẽi]
Mantel o sobretudo [ßobrə**tu**du] 66
Markt(halle) o mercado [mər**ka**du] 61, 62, 64
Medikament o medicamento [mədika**mẽn**tu] 72, 73, 76
Meer o mar [mar] 53
Meeresfrüchte os mariscos [ma**risch**kusch] 45
Messer a faca [**fa**ka] 40, 43
Meter o metro [**mä**tru]
Metzgerei o talho [**ta**lju] 46, 62
Minute o minuto [mi**nu**tu]
Mittag o meio-dia [**mäiu**‿**di**a] 18
Mittagessen o almoço [al**mo**ßu] 40, 41, 44
Mittwoch a quarta-feira [**kwar**ta‿**fäi**ra] 19
Mode a moda [**mo**da] 66
modern moderno/-a [mu**där**nu/-a]
Möbel o móvel [**mo**wäl] 38
möglich possível [pu**ßi**wäl]

Moment o momento [mu**mẽn**tu]
Monat o mês [mesch] 18
Montag a segunda-feira [ßə**gũn**da‿**fäi**ra] 19
Morgen a manhã [ma**njã**]
Motor o motor [mu**tor**] 24, 27
Motorrad a motocicleta [motoßi**klä**ta] 22, 26
Mücke o mosquito [musch**ki**tu] 71, 72
müde cansado/-a [kãn**ßa**du/-a]
Müll o lixo [**li**schu] 38
Münze a moeda [mu**ä**da] 78, 82
Mütze o boné [bu**nä**] 66
Musik a música [**mu**sika] 57, 58, 60
Mutter a mãe [mãi] 12

N

nachmittags pela tarde [**pe**la **tar**də] 19
Nachrichten as notícias [nu**ti**ßiasch] 64, 81
Nacht a noite [**noi**tə] 18
Nachtisch a sobremesa [ßobrə**me**sa] 47
nackt nu/nua [nu/**nu**a]
Nagelfeile a lima para unhas [**li**ma **pa**ra **u**njasch] 71
Nagellack o verniz para unhas [wər**nisch** **pa**ra **u**njasch] 71
nahe perto/-a [**pär**tu/-a]
Name o nome [**no**mə]
Name *(Nachname)* o apelido [apə**li**du] 12
naß molhado/-a [mu**lja**du/-a]
Natur a natureza [natu**re**sa] 56
Neffe o sobrinho [ßu**bri**nju] 12
nehmen tomar [tu**mar**]
nein não [nãu]
neu novo/-a [**no**wu/-a]
Neujahr o Ano Novo [**a**nu **no**wu] 60, 77
nicht não [nãu]
Nichte a sobrinha [ßu**bri**nha] 12
Nichtraucher não-fumadores [nãu‿fuma**do**rəsch] 27, 28, 30
nichts nada [**na**da]
nie nunca [**nũn**ka]
niedrig baixo/-a [**bai**schu/-a]
niemand ninguém [nĩn**gẽi**]
nötig necessário/-a [nəßə**ßa**riu/-a]
Norden o norte [**nor**tə] 16, 22
normal normal [nur**mal**]
Notar o notário [nu**ta**riu]
Notausgang a saída de emergência [ßa**i**da də imər**schẽn**ßia] 27, 58
Notbremse o freio de alarme [**fräi**u də a**lar**mə] 27, 28
Notrufsäule o poste de socorro [**posch**tə də ßu**ko**rru] 24, 80
Nummer o número [**nu**məru]

O

Ober o criado [kri**a**du] 40
Obst a fruta [**fru**ta] 48, 62
Obstgeschäft a frutaria [fruta**ri**a] 62
Öffnungszeiten o horário de abertura [u**ra**riu də abər**tu**ra] 80
Österreich a Áustria [**ausch**tria] 12
österreichisch austríaco/-a [ausch**tri**aku/-a] 13
offen aberto/-a [a**bär**tu/-a]
Ohrringe os brincos [**brĩn**kusch] 67
Onkel o tio [**ti**u] 12
Optiker o óptico [**op**tiku] 70
Ort o lugar [lu**gar**]
Osten o leste [**läsch**tə] 16, 22
Ostern Páscoa [**pasch**koa] 60, 77

P

Päckchen o pacote [pa**ko**tə]
Päckchen *(Post)* a encomenda [ẽnku**mẽn**da] 80
Palast o palácio [pa**la**ßiu] 50, 52
Panne a avaria [awa**ri**a] 24
Papiere os papéis [pa**päisch**] 21, 79
Parfüm o perfume [pər**fu**mə] 71
Park o parque [**par**kə] 52
Parkplatz o estacionamento [ischtaßjuna**mẽn**tu] 24, 32
Pass o passaporte [paßa**por**tə] 21, 79
Personalausweis o bilhete de identidade [bi**lje**tə də idẽnti**da**də] 21, 79
Pfingsten Pentecostes [pẽntə**kosch**təsch] 60, 77
Pflanze a planta [**plãn**ta] 61
Pinzette a pinça [**pĩn**ßa] 71
Platz a praça [**pra**ßa] 22
Platz *(Sitz-)* o lugar [lu**gar**] 27, 28, 40
Polizei a polícia [pu**li**ßia] 24, 79
Polizist o polícia [pu**li**ßia] 79
Postkarte o postal [pusch**tal**] 80
Postleitzahl o código postal [**ko**digu pusch**tal**] 80
Preis o preço [**pre**ßu] 61
Programm o programa [pru**gra**ma] 57, 60

Promille por mil [pur mil]
Puder o pó [po] 71
Pullover o pulôver [pulowär] 66

Q

Qualität a qualidade [kwalidadə] 61
Qualle a alforreca [alfurräka] 53
Quittung o recibo [rəßibu] 28, 43, 72

R

Rabatt o desconto [dəschkõntu] 61
Rasen a relva [rälwa]
Rasierapparat a máquina de barbear [makina də barbjar] 68
Rasierklingen as lâminas para barbear [laminasch para barbjar] 71
Rathaus a Câmara Municipal [kamara munißipal] 50, 52
Raum, Saal a sala [ßala]
Rechnung a conta [kõnta] 43
rechts à direita [a diräita]
Regen a chuva [schuwa] 20
Regenschirm o guarda-chuva [guarda‿schuwa] 61
Regierung o governo [guwärnu]
reich rico/-a [riku/-a]
Reifen o pneumático [pneumatiku] 22, 26
Reihe a fila [fila] 58
Reinigung a limpeza [lĩmpesa] 38
Reinigung *(Geschäft)* a tinturaria [tĩnturaria] 67
Reisebüro a agência de viagens [aschẽnßia də wjaschẽisch] 52
Reiseführer/Reiseführerin o/a guia [gia] 52
Reisescheck o cheque de viagem [schäkə də wjaschẽi] 78
Reißverschluss o fecho de correr [feschu də kurrer] 66
Restaurant o restaurante [rəschtaurãntə] 40, 44
Rezept a receita [rəßäita] 72, 76
Rezeption a recepção [rəßäißãu] 32
richtig certo/-a [ßärtu/-a]
Richtung a direcção [diräßãu] 22
Risiko o risco [rischku]
Rock a saia [ßaja] 66
Rucksack a mochila [muschila] 56
rufen chamar [schamar]
Ruhe o silêncio [ßilẽnßiu]
ruhig tranquilo/-a [trãnkwilo/-a]
Rundfahrt a volta [wolta] 52

S

Sache a coisa [koisa]
Sakko o casaco [kasaku] 66
Samstag o sábado [ßabadu] 19
Sandalen as sandálias [sãndaliasch] 66
satt farto/-a [fartu/-a]
sauber limpo/-a [lĩmpu/-a]
Schadensersatz a indemnização [ĩndəmnisaßãu] 79
Schaffner o revisor [rəwisor] 27, 28
Schal o xale [schalə] 66
Schallplatte o disco [dischku] 61
Schalter o guiché [gischä]
Schaufenster a montra [mõntra] 61
Scheck o cheque [schäkə] 78
Schere a tesoura [təsora] 71
Scherz a brincadeira [brĩnkadäira]
Schiff o barco [barku] 31
Schild a placa [plaka] 23, 30, 54
schlafen dormir [durmir]
Schlafwagen a carruagem-cama [karruaschẽi‿kama] 28, 30
schlank delgado/-a [dəlgadu/-a]
schlecht mau/má [mau/ma]
Schließfach o cofre [kofrə] 28, 30
Schloss o palácio [palaßiu] 50, 52
Schloss *(Tür-)* a fechadura [fəschadura] 38
Schlüssel a chave [schawə] 38
Schmerz a dor [dor] 72
Schmuck as jóias [schojasch] 67
schmutzig sujo/-a [ßuschu/-a]
schnell rápido/-a [rapidu/-a]
Schnuller a chupeta [schupeta] 71
schön belo/-a [belu/-a]
schrecklich terrível [tərriväl]
Schreibwarengeschäft a papelaria [papəlaria] 64
schriftlich por escrito [pur‿ischkritu]
schüchtern tímido/-a [timidu/-a]
Schuh o sapato [ßapatu] 66
Schuhbänder os atacadores [atakadorəsch]
Schuhgeschäft a sapataria [ßapataria] 66
Schuld a culpa [kulpa] 24, 79
Schwager/Schwägerin o/a cunhado/-a [kunjadu/-a] 12
Schwamm a esponja [ischpõnscha] 71
schwanger grávida [grawida] 72
Schweiz a Suiça [ßuißa] 12

Schweizer Franken os francos suíços [**frãn**kusch ßuißusch] 78, 83
Schweizer/Schweizerin o/a suíço/-a [ßuißu/-a] 12
schwer *(Gewicht)* pesado/-a [pə**sa**du/-a]
schwer *(schwierig)* difícil [di**fi**ßil]
Schwester a irmã [ir**mã**] 12
Schwimmbad a piscina [pisch**ßi**na] 53
schwimmen nadar [na**dar**]
Schwimmweste o salva-vidas [**ßal**wa‿**wi**dasch] 31, 53
schwindlig com vertigens [kõ wər**tisch**ẽisch]
See o lago [**la**gu] 53, 56
Seeigel o ouriço-do-mar [o**ri**ßu‿du‿mar] 53
seekrank enjoado/-a [ẽnsch**ua**du/-a] 72
Seide a seda [**ße**da] 66
Seife o sabonete [ßabu**ne**tə] 71
Seite o lado [**la**du]
Seite *(Buch)* a página [**pasch**ina]
Sekunde o segundo [ßə**gũn**du]
Selbstbedienung o auto-serviço [**au**tu‿ßər**wi**ßu] 40, 61
Sendung a emissão [imi**ßãu**] 81
Senioren os reformados [rəfur**ma**dusch]
Serviette o guardanapo [guarda**na**pu] 40, 43
Sex o sexo [**ßä**xu]
Shorts o calção [kal**ßãu**] 66
sicher seguro/-a [ßə**gu**ru/-a]
Sicherheitsgurt o cinto de segurança [**ßĩn**tu də ßəgu**rãn**ßa] 22, 26, 30
Sicherung o fusível [fu**si**wäl]
Sicht a vista [**wisch**ta]
Single o/a solteiro/-a [ßol**täi**ru/-a] 14
Situation a situação [ßitua**ßãu**]
Sitzplatz o lugar [lu**gar**] 27, 28, 40
Socken as peúgas [pä**u**gasch] 66
Sohn o filho [**fi**lju] 12
Sommer o verão [wə**rãu**] 19
Sonderangebot a oferta especial [u**fär**ta ischpə**ßjal**] 61
Sondertarif a tarifa especial [ta**ri**fa ischpə**ßjal**] 28, 30, 32
Sonne o sol [ßol] 20
Sonnenbrille os óculos de sol [**o**kulusch də ßol] 53, 71
Sonnenschirm o guarda-sol [**guar**da‿ßol] 53
Sonntag o domingo [du**mĩn**gu] 19
Spaziergang o passeio [pa**ßäi**u] 50, 56
Speisekarte a ementa [i**mẽn**ta] 44
Spezialitäten as especialidades [ischpəßjali**da**dəsch] 44, 62
Spielzeug o brinquedo [brĩn**ke**du]
Sport o desporto [dəsch**por**tu] 54
Sportplatz o campo de desportos [**kãm**pu də dəsch**por**tusch] 54
Sprache a língua [**lĩn**gua] 13
Spülmittel o detergente [dətər**schẽn**tə] 71
Staat o estado [isch**ta**du]
Staatsangehörigkeit a nacionalidade [naßjunali**da**də] 12
Stadt a cidade [ßi**da**də] 50, 52
Stadtplan a planta da cidade [**plãn**ta da ßi**da**də] 49
Stadtteil o bairro [**bai**rru] 50
Start a partida [par**ti**da]
Start *(Flug)* a descolagem [dəschku**lasch**ẽi] 30
Stein a pedra [**pä**dra]
Stiefel a bota [**bo**ta] 66
Stockwerk o andar [ãn**dar**] 32
Stoff o tecido [tə**ßi**du] 66
Strafe o castigo [kasch**ti**gu]
Strafe *(Geld-)* a multa [**mul**ta] 79
Strand a praia [**pra**ja] 53
Straße a rua [**ru**a] 22, 23
Streichhölzer os fósforos [**fosch**furusch] 71
Strom a corrente [ku**rrẽn**tə] 36, 38
Strumpfhose a meia-calça [**mäia**‿**kal**ßa] 66
Stück a peça [**pä**ßa]
Stuhl a cadeira [ka**däi**ra] 43, 57
Stunde a hora [**o**ra]
Sturm a tempestade [tẽmpəsch**ta**də] 20
suchen procurar [pruku**rar**]
Süden o sul [ßul] 16, 22
Süßwaren os doces [**do**ßəsch] 61, 62
Summe a quantia [kwãn**ti**a]
Supermarkt o supermercado [ßupərmər**ka**du] 61, 80
Swimmingpool a piscina [pisch**ßi**na] 38

T

Tabak o tabaco [ta**ba**ku] 71
Tabakladen a tabacaria [tabaka**ri**a] 71

Tabletten os comprimidos [kõmpri**mi**dusch] 76
Tag o dia [**di**a]
Tampons os tampões [tãm**põisch**] 71
Tankstelle o posto de gasolina [**posch**tu də gasu**li**na] 24
Tante a tia [**ti**a] 12
Tanz a dança [**dãn**ßa] 58
tanzen dançar [dãn**ßar**]
Tasse a chávena [**scha**wəna] 38, 43
Taxi o táxi [**ta**xi] 28, 35
Teil a parte [**par**tə]
Telefax o telefax [tələ**fax**] 35, 80
Telefon o telefone [tələ**fo**nə] 82, 83
Telegramm o telegrama [tələ**gra**ma] 80
Teller o prato [**pra**tu] 38, 40, 43
Temperatur a temperatura [têmpəra**tu**ra] 20, 72
teuer caro/-a [**ka**ru/-a]
Theater o teatro [**tja**tru] 57, 58
Ticket o bilhete [bi**lje**tə] 27, 49, 57
tief profundo/-a [pru**fũn**du/-a]
Tier o animal [ani**mal**]
Tierarzt o veterinário [wətəri**na**riu]
Tisch a mesa [**me**sa] 40, 43
Tochter a filha [**fi**lja] 12
Toilette a casa de banho [**ka**sa də **ban**ju] 83
Toilettenpapier o papel higiénico [pa**päl** i**seh**jäniku] 71
Topf a panela [pa**nä**la] 38, 61
Tourist/Touristin o/a turista [tu**risch**ta] 49
träumen sonhar [ßu**njar**]
traurig triste [**trisch**tə]
Treppe a escada [isch**ka**da] 38
treu fiel [fjäl]
trinken beber [bə**ber**] 40, 48
Trinkgeld a gorjeta [gur**sehä**ta] 83
Trinkwasser a água potável [**a**gua pu**ta**väl] 36, 38
T-Shirt a T-shirt [**ti**‿schört] 66
Tür a porta [**por**ta] 38
Tunnel o túnel [**tu**näl]
Turm a torre [**tor**rə] 50
Turnschuhe os sapatos de ginástica [ßa**pa**tusch də seh**inasch**tika] 66
typisch típico/-a [**ti**piku/-a]

U

Übelkeit o enjoo [ên**seh**ou] 72
übernachten pernoitar [pərnoi**tar**] 32
Überraschung a surpresa [ßur**pre**sa]
übersetzen traduzir [tradu**sir**]
Ufer a margem [**mar**sehêi] 53
Uhr o relógio [rə**lo**sehiu] 67
Uhrzeit a hora [**o**ra] 17
umbuchen cambiar [kãm**bjar**] 28, 30
Umleitung o desvio [dəsch**wi**u] 23
umsonst grátis [**gra**tisch]
Umweltschutz a protecção do meio ambiente [prutä**ßãu** du **mäi**u ãm**bjẽn**tə] 56
unbekannt desconhecido/-a [dəschkunjə**ßi**du/-a]
Unfall o acidente [aßi**dẽn**tə] 24
Unglück a desgraça [dəsch**gra**ßa] 24, 78, 80
unglücklich infeliz [ĩnfə**lisch**]
ungültig inválido/-a [ĩn**wa**lidu/-a]
Unkosten as despesas [dəsch**pe**sasch]
unmöglich impossível [ĩmpu**ßi**väl]
unruhig inquieto/-a [ĩn**kjä**tu/-a]
unschuldig inocente [inu**ßẽn**tə]
Unterhaltung o divertimento [diwərti**mẽn**tu] 57, 59
Unterhaltung *(Gespräch)* a conversa [kõn**wär**ßa] 13
Unterhemd a camisola [kami**so**la] 66
Unterhose as cuecas [ku**ä**kasch] 66
Unterkunft o alojamento [alusehamẽntu] 32, 38
Unterschied a diferença [difə**rẽn**ßa]
Unterschrift a assinatura [aßina**tu**ra] 21, 78
Untersuchung o exame [i**sa**mə] 72
Unterwäsche a roupa interior [**ro**pa ĩntə**rjor**] 66
unverschämt descarado/-a [dəschka**ra**du/-a]
Urlaub as férias [**fä**riasch] 53, 55
Ursache a razão [ra**sãu**]
Urwald a floresta virgem [flu**räsch**ta **wir**sehêi] 56

V

Vater o pai [pai] 12
Verabredung o encontro [ẽn**kõn**tru] 14
Veranstaltungskalender o calendário dos espectáculos [kalẽn**da**riu dus‿ischpä**ta**kulusch] 60, 77
verbinden ligar [li**gar**] 72
verboten proibido/-a [prui**bi**du/-a]
verdienen ganhar [ga**njar**]

Vergangenheit o passado [paßadu]
vergessen esquecer-se [ischkəßer‿ßə]
Vergewaltigung a violação [wiulaßãu] 79
verheiratet casado/-a [kasadu/-a]
Verhütungsmittel o anticonceptivo [ãntikõnßätiwu] 71, 76
Verkauf a venda [wẽnda] 61
Verkehr o trânsito [trãnsitu] 23
verlängern prolongar [prulõngar]
verletzt ferido/-a [fəridu/-a] 24, 72
verschieden diferente [difərẽntə]
versehentlich por engano [pur ẽnganu]
Versicherung o seguro [ßəguru]
Vertrag o contrato [kõntratu]
Verwandter/Verwandte o/a parente [parẽntə] 12
verwechseln confundir [kõnfũndir]
Verzeihung! Desculpe! [dəschkulpə] 14
Videokassette a vídeocassete [widiukaßätə] 61
viel muito/-a [mũitu]
vielleicht talvez [talwesch]
Visum o visto [wischtu] 21
Volk o povo [powu]
Volksfest a festa popular [fäschta pupular] 60, 77
voll cheio/-a [schäiu/-a]
Vollpension a pensão completa [pẽnßãu kõmpläta] 32, 35
Vormittag a manhã [manjã] 18
Vorort o subúrbio [ßuburbiu] 22
Vorspeise a entrada [ẽntrada] 45
Vorstellung *(Kino)* a sessão [ßəßãu] 57
Vorstellung *(Theater)* a representação [rəprəsẽntaßãu] 57
Vorverkauf a venda antecipada [wẽnda ãntəßipada] 57
Vorwahl o indicativo [ĩndikatiwu] 82

W

Währung a moeda [muäda] 78
Wäscherei a lavandaria [lawãndaria] 67
wahr verdadeiro/-a [wərdadäiru/-a]
wahrscheinlich provável [pruwawäl]
Wald a floresta [fluräschta] 56
wandern fazer excursões a pé [faser äischkursõis‿a pä] 56
warm quente [kẽntə]
warten esperar [ischpərar]
Wartezimmer a sala de espera [ßala də ischpära] 72
waschen lavar [lawar]
Waschmittel o detergente [dətərsehẽntə] 71
Wasser a água [agua] 36, 48
Watte o algodão [algudãu] 71
wechseln cambiar [kambjar]
Wechselstube a casa de câmbio [kasa də kãmbiu] 78
Wecker o despertador [dəschpərtador] 67
Weg o caminho [kaminju] 21, 22
Wegweiser o sinal itinerário [ßinal itinərariu] 22
weich mole [molə]
Weihnachten Natal [natal] 60, 77
weinen chorar [schurar]
weiß branco/-a [brãnku/-a]
Welle a onda [õnda] 53, 55
Welt o mundo [mũndu]
wenig pouco/-a [poku/-a]
Werkstatt a oficina [ufißina] 27
werktags nos dias úteis [nusch dias‿utäisch] 18
Weste o culete [kuletə] 66
Westen o oeste [uäschtə] 16, 22
Wetter o tempo [tẽmpu] 20
Wettervorhersage a previsão do tempo [prəwisãu du tẽmpu] 20, 81
wichtig importante [ĩmpurtãntə]
wiederholen repetir [rəpətir]
wiederkommen voltar [woltar]
wiegen pesar [pəsar]
Willkommen! Bemvindo! [bẽmwĩndu] 12
Wind o vento [wẽntu] 20
Windeln as fraldas [fraldasch] 71
Winter o inverno [ĩnwernu] 19
Wirt o dono da casa [donu da kasa] 40
Woche a semana [ßəmana] 18
wohnen morar [murar] 32
Wohnmobil a auto-vivenda [autu‿wiwẽnda] 36
Wohnung o apartamento [apartamẽntu] 35
Wohnwagen a roulote [rulotə] 36
Wolle a lã [lã] 66
wollen querer [kərer]
Wort a palavra [palawra]

wünschen desejar [dəsə**schar**]
wütend furioso/-a [fu**rjo**su/-a]

Z

Zahl o número [**nu**məru]
zahlen pagar [pa**gar**] 43, 78
Zahlen bitte! A conta, faz favor! [a **kõn**ta fasch fa**wor**] 43
Zahnarzt o dentista [dẽn**tisch**ta] 75
Zahnbürste a escova de dentes [isch**ko**wa də **dẽn**təsch] 71
Zahnpasta a pasta dentífrica [**pasch**ta dẽn**ti**frika] 71
zeigen mostrar [musch**trar**]
Zeit o tempo [**tẽm**pu] 18
Zeitschrift a revista [rə**wisch**ta] 64
Zeitung o jornal [sch**ur**nal] 64
Zentrum o centro [**ßẽn**tru] 22, 50, 52
zerbrechlich frágil [**fra**schil]
Zeuge/Zeugin o/a testemunha [təschtə**mu**nja] 24, 79
Ziehen! Puxe! [**pu**schə]
Ziel o objectivo [ubschä**ti**wu]
Zigarette o cigarro [ßi**ga**rru] 71
Zimmer o quarto [**kwar**tu] 32, 33, 38
Zoll a alfândega [al**fãn**dəga] 21
zufrieden contente [kõn**tẽn**tə]
Zug o comboio [kõm**bo**ju] 28, 30
zusammen juntos/-as [**schũn**tusch/-asch]
Zuschlag o suplemento [ßuplə**mẽn**tu] 28
zuständig competente [kõmpə**tẽn**tə]
Zweifel a dúvida [**du**wida]
Zwischenlandung a escala [isch**ka**la] 30

Reisewörterbuch Portugiesisch-Deutsch

A

aberto geöffnet
a. C. (antes de Cristo) vor Christus
acesso Zugang, Zufahrt
acidente Unfall
ACP (Automóvel Club de Portugal) Portugiesischer Automobilklub
aeroporto Flughafen
agência de viagens Reisebüro
Alemanha Federal Bundesrepublik Deutschland
alfândega Grenze, Zoll
almoço Mittagessen
Alto! Halt!
aluga-se zu vermieten
aluguer de bicicletas Fahrradverleih
aluguer de carros Autoverleih
ambulância Krankenwagen
ar condicionado Klimaanlage
assinatura Unterschrift
Atenção! Achtung!
atraso Verspätung
autocarro Bus
auto-estrada Autobahn
auto-serviço Selbstbedienung
avariado defekt

B

banco Bank (Geldinstitut)
beco sem saída Sackgasse
Bemvindo(s)! Willkommen!
bicicleta Fahrrad
bilhete Fahrkarte, Geldschein, Eintrittskarte
bilhete de identidade Personalausweis
bilheteira (Theater-/Kino-)Kasse
bombeiros Feuerwehr

C

cabeleireiro Friseur
caixa Kasse
Caixa Geral de Depósitos Sparkasse
Câmara Municipal Rathaus
câmbio Geldwechsel
carta Brief
casa de banho Toilette
Cavaleiros Herren(toilette)
centro Zentrum

Centro de Saúde Gesundheitszentrum
chegada Ankunft
comboio Zug
companhia (Cia.) Gesellschaft
correio Post
corrida (de touros) Stierkampf
C. P. (Companhia Portuguesa de Caminhos de Ferro) Portugiesische Eisenbahngesellschaft
cruzamento Kreuzung
C. V. (cavalo-vapor) PS (Pferdestärke)

D
d. C. (depois de Cristo) nach Christus
delegação de turismo Touristeninformation
depósito de bagagens Gepäckaufbewahrung
desconto Ermäßigung
desvio Umleitung
dia feriado, dia de festa Feiertag
disco de estacionamento Parkscheibe
domingo Sonntag

E
ementa Speisekarte
Empurre! Drücken!
endereço Adresse
engarrafamento Stau
entrada Eingang, Eintrittskarte
Entre! Herein!
esc. (escudos) Escudos
esgotado ausverkauft
esquadra de polícia Polizeirevier
estação Bahnhof
estacionamento Parkplatz
estrada nacional Nationalstraße, Landstraße
exposição Ausstellung
expresso Überlandbus
extintor de incêndios Feuerlöscher

F
fechado geschlossen
Fechar a porta! Tür schließen!
feira Messe *(Handel)*, Markttag
feira popular Volksfest
feito à mão handgemacht
festa Fest, Feier
fogo Feuer
freio de alarme Notbremse
frio kalt
fumadores Raucher

G
gare Bahnsteig
gasolina Benzin
G. N. R. (Guarda Nacional Republicana) Polizeieinheit
grátis gratis

H
habitação Zimmer
Homens Herren(toilette)

I
igreja Kirche
incluído inklusive, inbegriffen
informação Information, Auskunft
IVA (Imposto de Valor Acrescentado) Mehrwertsteuer

J
jantar Abendessen

L
lavabos Toiletten
lavandaria Wäscherei
livraria Buchhandlung
livre frei

M
maiores Erwachsene, Volljährige
marco do correio Briefkasten
MB (Multibanco) Geldautomat
menina Fräulein, Mädchen
mercado (de peixe) (Fisch-)Markt
mercearia Lebensmittelladen
missa Messe *(Kirche)*
moedas Münzen

N
não-fumadores Nichtraucher
noite Nacht

O
ocupado besetzt
ofertas (especiais) Sonderangebote

P
padaria Bäckerei
página Seite
paragem Haltestelle

parquímetro Parkuhr
partida Abreise, Abflug
passagem para peões Fußgängerüberweg
pastelaria Konditorei
peixaria Fischgeschäft
pequeno almoço Frühstück
Perigo (de morte)! (Lebens-)Gefahr!
piscina Schwimmbad
polícia Polizei
posta restante postlagernd
praça de touros Stierkampfarena
praia Strand
prato do dia Tagesgericht
prioridade Vorfahrt
privado privat
Proibida a entrada! Eintritt verboten!
Proibida a passagem! Durchgang verboten!
Proibido fumar! Rauchen verboten!
Puxe! Ziehen!

Q

quarta-feira Mittwoch
quarto Zimmer
quente warm
quinta-feira Donnerstag

R

recepção Rezeption, Empfang
reformados Senioren
República Portuguesa Republik Portugal
residente em wohnhaft in
Rodoviária Nacional Staatliche Busgesellschaft
rua Straße

S

sábado Samstag
saída de emergência Notausgang
sé Kathedrale
segunda-feira Montag
selos Briefmarken
sem chumbo bleifrei
senhoras Damen(toilette)
sentido giratório Kreisverkehr
sentido único Einbahnstraße
serviço incluído Service inbegriffen
sexta-feira Freitag
Sociedade Anónima (S. A.) Aktiengesellschaft (AG)
Socorro! Hilfe!
Sr. (senhor) Herr
Sr.a D. (senhora Dona) Frau
supermercado Supermarkt
suplemento Zuschlag

T

tabacaria Tabakwarenladen
talho Metzgerei
temporada (alta) (Hoch-)Saison
terça-feira Dienstag
tinturaria Reinigung *(Geschäft)*
TLP (Telefones de Lisboa e Porto) Portugiesische Telefongesellschaft
tourada Stierkampf
turismo de habitação Unterkunft mit Familienanschluss

U

UE (União Europeia) EU (Europäische Union)
urbanisação Bungalowsiedlung
urgência Notaufnahme

V

válido gültig
venda antecipada Vorverkauf
vende-se zu verkaufen
via Bahngleis
visita guiada Führung, Besichtigung
voo doméstico Inlandflug
voo internacional Auslandsflug

Z

zona reservada a peões Fußgängerzone

Bildnachweis

Alle Fotos Achim Sperber außer APA Publications/Mark Read: 1, 37. Archiv E&B: 65. Helmut Bissinger: 9 (li.), 25 (li.), 72. Markus Kirchgeßner: 57. Heidrun Reinhard: 32, 77 (re.), 81 (re.), Umschlag hinten. Elisabeth Graf-Riemann: 53. Ulrich Schmidt: 69. Markus Kirchgeßner: Umschlag (Bild). Superbild/Bernd Ducke: Umschlag (Flagge).